Adelheid Amalia von Gallitzin

Mittheilungen aus dem Tagebuch und Briefwechsel

Nebst Fragmenten und einem Anhange

Adelheid Amalia von Gallitzin

Mittheilungen aus dem Tagebuch und Briefwechsel
Nebst Fragmenten und einem Anhange

ISBN/EAN: 9783744721073

Hergestellt in Europa, USA, Kanada, Australien, Japan

Cover: Foto ©ninafisch / pixelio.de

Weitere Bücher finden Sie auf **www.hansebooks.com**

Tagebuch und Briefwechsel

der Fürstin

Adelheid Amalia von Gallitzin.

Adelaide Princesse de Galliera
née Comtesse de Ferrari

Mittheilungen

aus

dem Tagebuch und Briefwechsel

der Fürstin

Adelheid Amalia von Gallitzin

nebst

Fragmenten und einem Anhange.

Mit dem Bildniß der Fürstin.

Stuttgart.

Verlag von S. G. Liesching.

1868.

Druck von J. Kreuzer in Stuttgart.

Aus dem Tagebuche.

Fließet, ach fließet, meine Thränen,
Vor des Vaters Angesicht!
Er, o Seele, umfasset dein Sehnen,
Er nur, Er kann geben Licht.
Dieses Ahnden, dieses Schwingen,
Dieser Schauer, dieser Drang,
Dieses Trauern, dieses Ringen
Ist Gottes Hauch! Ihm Lobgesang.

Ach Vater, sollte ich mich erkühnen wollen zu dringen in
deine unermeßliche für mein schwaches Auge undurchdringliche Zu=
kunft? Warum forschest du, o Seele, nach den Verhängnissen des
Herrn? Ist es dir nicht genug zu wissen, Er sei die Liebe, um
dulden und ruhen zu können unter seiner Beschattung? Undank,
Kühnheit ist es zu forschen, warum er dir vergönne diese wonne=
schauervollen Geisterblicke, diese kargen Schwünge außer der Sphäre
des für dich hienieden genießbaren, um dich den größten Theil,
ja dein beständiges übriges Leben hindurch zu stürzen, wo Finster=
niß und Zweifel herrschen. Aber warum muß ich dich ahnden,
himmlische Wonne? warum dich mit halbem Aug' erblicken,
unnennbares Licht? warum bebt mein Herz in süßer Wehmuth

1

dir nach, wenn du dich mir augenblicklich und dann auf so —
ach, auf wie lange? — entziehen mußt. Seid ihr es, ihr Chöre
der Seligen, deren leises Lispeln meine Seele bewegt, deren für
mich arme Einsame unfühlbarer Hauch, unsichtbarer Blick sie so
mächtig anziehet, daß die Seele sich der Hülle zu entreißen strebt,
die der Herr ihr doch gebietet zu bewohnen, bis es ihm gefällt,
sie zu berufen?

Du fragst, warum? o du Verstockte. — Damit du glauben
könnest an jene verheißene, unvergängliche, überschwengliche Selig=
keiten — deiner Vernunft unergründbar, deinem Auge unerreich=
bar, wenn nicht durch Glauben! damit dein ermüdeter Arm
wieder gestärkt werde zum kommenden Kampf. Warum aber
Kampf, immerwährender Kampf? warum nicht Genuß ohne
Kampf? Blödes Auge! kann wohl die Saite tönen, wenn sie
nicht erst gespannt ward. Kann wohl das Gold geschickt sein,
als das edelste der Metalle benützt zu werden, wenn es nicht
vorher vielfältig geläutert und durch das Feuer gereinigt ward?
Woher kanntest du Wonne, wenn nicht aus Abhärmung deiner
selbst, woher erhieltest du die erhabensten Gefühle deines Lebens,
wenn nicht nach bis zur Mattigkeit verwendeten Kräften, und
woher Liebe, wenn nicht durch und nach unsäglichen Leiden? Die
einsame Pflanze dort leidet nicht, aber ach! sie liebt nicht und
wird nicht geliebt.

Den 9. März 1786.

Der Bau meines Körpers ist fest und stark, mehr männlich als
weiblich, zu jeder Bewegungsart bequem, behend und beugsam.
Brust, Magen und Kopf sind in sich stark und beide erstere verrich=
ten jeder ihre Funktionen sehr wohl, Letzterer ist selten schmerz=

gebährend, aber meistens sehr benebelt und zum Denken oft,
insonderheit zur Zeit des Winters unbrauchbar, aber nur zufälliger=
weise, denn im gesunden Zustande kann er sehr lange anhaltende
tiefsinnige abstracte Arbeiten gemächlich aushalten und unbeschwert
von einer Arbeit zu einer ganz verschiedenartigen übergehen —
und dennoch bin ich — schier immer — kränkelnd auf die drü=
ckendste Weise an einer ängstlichen Zusammenziehung aller Ge=
fässe, wovon der Grund hauptsächlich im Unterleibe zu liegen
scheint und die in mir eine Schwermuth gebiert, welche ich mit
Mühe durch das feste Vertrauen zu Gott und die Ueberzeugung,
daß ich hier als ein Pilgrim zu einem sehr kurzen Aufenthalt
im Vorbeigehen bestimmt bin, zu überwinden fähig bin, und da
ich diese Vorstellungen nicht unabläßig in mir rege und mir
immer anschaulich machen kann, so bringe ich denn die größte
Zeit meines Lebens in dem Kampf, nur mich dahin zu ar=
beiten zu.

Den 20. Februar 1787.

Jacobi fuhr mit mir.*) Wir redeten unterwegs von Reli=
gion. Ich fragte ihn, wie es nun deßhalb mit ihm stünde. Er
antwortete, er fände es ebenso schwer, an die christliche Religion
zu glauben, als nicht zu glauben. Ich entdeckte ihm bei dieser
Gelegenheit aus der reinen Absicht, daß es ihm in diesem seinem
Zustande des Zweifelns vielleicht in etwa nützen könnte, wie
ich zum Glauben an die christliche Religion durch treue Aus=
führung des Spruchs Christi: „Versucht es, so werdet ihr

---

*) Von Mühlheim am Rhein, wo die Fürstin mit Jacobi, dessen
Schwestern, Buchholz, Dohm und ihren Kindern bei dem sterbenden Wizen=
mann, Jacobi's Freunde, geweilt hatte.

es erfahren, ob diese meine Lehre göttlich sei," gelangt
sei; ich ermunterte ihn zum Gebet für sich und andere, indem
ich durch erhörtes Gebet wäre gestärkt worden. Er sagte mir,
für sich könne er nichts anderes beten, als daß Gott sich ihm
offenbare, wenn er wolle, daß er an ihn glaube, und das bete
er oft mitten in der Nacht. Für andere wäre es ihm vollends
unmöglich zu beten. —

In seinem Hause fragte ich ihn, ob er diesmal nichts gegen
mich habe, es habe mich gedünkt, als drücke ich ihn. Er sagte,
nein, im Gegentheil habe er diesmal in mir die vortheilhafte
Veränderung bemerkt, daß ich ihm minder von gewissen Em-
pfindlichkeiten voll, die mir sonst anhingen, erschienen wäre. Ich
dankte ihm herzlich für seine Aufrichtigkeit und eröffnete ihm
den warmen Wunsch, er möchte es doch immer so gewesen sein,
oder doch fernerhin sein. Er sagte, das könnte er doch gegen
sein Gewissen nicht sein, wenn er nicht fühlte, daß es helfen
könne oder geglaubt würde. Das wäre billig, erwiederte ich,
aber er könne es deshalb ohne Scrupel auf mein Wort wenigstens künftig sein, es wäre mir in Betreff meiner Empfindlich-
keiten ein Licht aufgegangen; ich hätte das Widrige meines
vergangenen objectiven Strebens nach Liebe und meines daher
entstehenden Spürens, Messens und Abwägens des Erhaltenen
gegen das Gegebene so lebhaft fühlen lernen, daß keiner ihm
so gram sein könnte, als ich selbst. Er sagte, das selbst wäre
schon viel, es nur nicht mehr für etwas Gutes ansehen. Mein
Gang, sagte ich, wäre anjetzt, mich um das Maaß des Geliebt-
werdens gar nicht mehr zu bekümmern und nur auf mich selbst
und wie ich immer mehr und besser lieben könne, Achtung zu
geben. O, sagte er, wenn Sie das können, so werden Sie

ein vortreffliches Wesen und ich spreche Sie heilig, oder so etwas, was mir noch seinen nicht völligen Glauben an das, was ich sagte, anzeigte. Doch that es mir, da ich mir der Wahrheit bewußt war, nicht weh, ich getröstete mich auf die Zeit und wir schieden freundlich, ich mit sehr ruhig heiterer Seele, von einander, Gott dankend, daß ich einmal so ruhig von einer solchen Reise zurückkäme.

Den 15. März 1787.

Buchholz entdeckte mir, wie sehr seine scrupulöse Erziehung an seiner jetzigen so unzuverlässigen Gemüthslage Schuld sei, wie er hoffe, seine Ideen bis auf den Grund mit mir allein ent= wickeln zu können, da er sonst Jacobi, Fürstenberg und Lavater zusammen genommen dazu zu bedürfen meinte, wie er sich aber in diesem Stück so wenig auf sich selbst verlassen könne, daß er, so lieb und verlangensvoll ihm jetzt unsere Verbindung wäre, er gar nicht wissen könne, ob er sie nicht müsse morgen unterbrechen, weil bei ihm Meinungen mit Menschen genau verknüpft wären und er nie wissen könnte, ob er nicht müßte morgen vielleicht eine Meinung annehmen, die mit dieser Ver= bindung nicht paßte. Er sprach wiederum mit großem Verlangen von dem Gedanken, sich ein Haus in meinem Garten zu bauen; ich aber sagte ihm, ich würde das nie zugeben, so lange er nicht feste Grundsätze hätte, die ihn und mich sichern könnten, daß es uns nie reuen dürfte. Er fragte mich, ob ich denn sicher von mir wäre, und ob bei mir Menschen mit ihren Mei= nungen nicht auch genau verknüpft wären. Ich sagte, nein, ich beurtheile die Menschen bloß nach der Beschaffenheit ihres Wil= lens; wäre dieser rein und ganz nach dem Bestreben auf be=

ständige Besserung hingerichtet, so könnten seine Meinungen nie
die geringste Veränderung in meinen Gesinnungen gegen ihn, in
meiner Neigung und Liebe zu ihm zuwege bringen, er könne
katholisch, lutherisch, mahomedanisch, ein Idealist oder Realist,
ein Stoiker oder Epikuräer seinen Meinungen nach sein, wenn
er nur mit Wahrhaftigkeit irrte, das heißt nicht Leidenschaften
zu krönen, sondern im Bestreben nach Wahrheit auf diesen Weg
gerathen wäre; als Muselmann dürfe er aber nicht Wein trinken
und als Christ sich Christi nicht schämen.   Kurz, wenn nur
seine Handlungen mit seinen Meinungen übereinstimmten oder
wenn er nur nach dieser Uebereinstimmung strebte, so wäre er
mir ehrwürdig.   Betrüben könne mich zwar sein Irrthum, wenn
ich ihn im Irrthum glaube, aber nie mich von ihm scheiden,
so lange er mit Wahrhaftigkeit nach Wahrheit strebe, dieses
wäre der einzige Maaßstab, nach welchem ich den Werth oder
Unwerth des Menschen mäße.

Den 3. April.

Ich erfuhr, daß unsere eingeschränkte Menschheit nur für
trostvolle Blicke, nicht für lang anhaltende Gefühle der Wonne
der Liebe und Zukunft muß geschaffen sein.

Zu hohe überirdische Empfindungen bringen leicht Ekel am
Gegenwärtigen zuwege.   Die Psyche sehnt sich zu sehr nach dem
geahnten schon halb erfahrenen Gut.

Den 24. April.

Schnösenberg erzählte mir gestern vieles, welches mir vom
Zustand seines ganzen Klosters*) einen sehr vortheilhaften Be=

---

*) Der Observanten.

griff gab. Zwölf junge Studirende, die recht gut und fleißig wären, hat er in der Schule. Die Bibel, sogar Luther's Bibel, ist in den Händen eines jeden. Ein einziger Alter ist im Kloster, der sich an ihnen allen sehr ärgert, weil sie die Unfehlbarkeit des Papstes bezweifeln und ohne Scrupel alle guten von Protestanten geschriebenen Bücher lesen. Ich freute mich innerlich Fürstenberg's eingedenk, daß aus Münster für ächte Religion ein Licht aufzugehen schiene und sich verbreiten müßte.

Den 25. April.

Es entstand in mir folgendes Gespräch zwischen meinem Ich a und meinem Ich b.

a. Es ist ja wohl Pflicht von mir, daß ich die Versuchungen fliehe, und die mehreren Verhältnisse, in denen ich stehe, und die reich an Versuchungen zu allerlei Sünden, wie auch Uebungen zu allerlei Tugenden sind, vermindere, soviel ich kann, um mein Heil ruhiger bewirken zu können.

b. Hätten die Apostel, Socrates und dergleichen Menschen so gedacht, so hätten sie es wohl bleiben lassen, sich immer von früh bis auf die Nacht den Menschen Preis zu geben, denn gewiß waren die Leiden, ihre Versuchungen und ihres Dagegenstrebens dadurch unendlich vervielfacht, wie auch z. B. Paulus oft mehrmalen klagt: was ich nicht will (sagt er) thue ich, und was ich will, thue ich nicht. Er klagt auch über die Versuchungen der Sinne u. s. f., und doch mußte das Christus wohl wissen, da er ihn zum Apostelamt berief.

a. Ja, aber die Apostel hatten mit dem heiligen Geist außerordentliche Kräfte empfangen, und ihnen war ihr Amt von Christo selbst aufgetragen, also so gut als versprochen, Hülfe dazu.

b. Freilich, aber alles, was uns jetzt noch aufgetragen ist, ist uns ebenso unmittelbar von Gott aufgetragen, als damals, und aufgetragen ist uns jedes aus einem natürlichen Verhältniß entstehende Joch, auch Hülfe ist uns dazu versprochen. Joh. XVI, 23, XIV, 13, 14. In diese natürlichen Verhältnisse aber rechne ich

1) die Verhältnisse, worin mich meine Geburt,

2) die Verhältnisse, worin mich mein Amt als Mutter, als Hausfrau, als Gemahlin versetzt,

3) die Verhältnisse, worin mich im reinen Gefühl meiner Hülfskräfte oder Hülfsbedürftigkeit (ohne mein besonderes Hinzuthun oder Vorgreifen aus leidenschaftlichen menschlichen Absichten) die Liebe versetzet.

In Absicht der letzteren Art von Verhältnissen ist es oft schwer zu unterscheiden, ob leidenschaftliche menschliche Absichten mit unterlaufen oder nicht, weil Neigungen und Eigenliebe uns oft in der Berechnung unserer Kräfte irre führen und Eigennutz uns oft über unsere Absichten verblendet. Ich weiß also hierin keinen sichereren Maaßstab, als den des Gamaliel: Ist das Werk aus den Menschen, so wird es zerstört werden, ist es aber aus Gott, so möget ihr es nicht zerstören. Das heißt (hierauf an= gewandt) ist das Verhältniß aus Gott, so muß es für beide Partheien segens= und wachsthumsvoll (wenn schon mit Schmer= zen und Versuchungen verknüpft) sein; ist es aber aus mensch= lichen Absichten entstanden oder es wird dadurch unterhalten, so ist dieses daran kennbar, daß es für beide oder doch wenigstens für den einen Theil zerstörend, das ist zeitverderbend ohne Nutzen,

wo nicht gar den Geist und die Seele schwächend und verder=
bend ist. Widerstehen will ich also zwar nie, wenn ein Mensch
meiner oder ich ihn zu bedürfen meine, oder wenn in mir Trieb
und Kräfte rege werden, einem sonst Hülflosen zu helfen, allein
ich will fortfahren wie bisher, erstens kein neues Verhältniß
anzutreten ohne Gebet, daß mir, sei es auch durch das tiefste
Leiden, Gott bald zu erkennen gebe, ob es aus ihm sei oder
nicht. Zweitens, sobald ich merke, daß es keinen von uns
besser, fröhlicher, glücklicher mache und bloß zeitverderbend sei,
geschweige wenn ich merke, daß es für einen aus uns einschrän=
kend, Laster oder doch große Fehler ausbrütend u. dgl. wäre,
will ich, es koste, welche Ueberwindung des Herzens oder Kopfes
es wolle, es als ein Werk der Menschen unterbrechen und zer=
stören. So handelte ich zwar am Ende immer bisher, allein
leider wartete ich oft aus Weichheit, falscher Scham, oft auch
aus Mangel einer hellen Ueberzeugung u. dgl. so lange, daß
mir dadurch manche Kräfte Monate, Jahre unbenutzt verflossen
oder gar zerstört oder geschwächt worden.

Resultat meiner Reflexionen bei Gelegenheit dieser Zweifel.

Ich glaube fest, daß zwischen zwei Menschen gleicher Kräfte,
wovon der eine um der Sicherheit seines Heils willen die Ver=
suchungen sorgfältiger meidet und daher auch seltener in den
Fall der Uebertretung geräth, d. i. weniger sündigt, der andere
aber aus Liebe und im Vertrauen auf die göttliche Barmher=
zigkeit sich mehreren Versuchungen aussetzt und daher auch wirk=
lich öfterer fällt, mehr sündigt, letzterer dennoch Christo näher,
verwandter ist als ersterer. Wie sollte der Gott der Liebe nicht

mit erbarmendem Wohlgefallen Vergebung für den bereit haben,
der aus Liebe eine große Bürde auf sich nimmt und sie fort=
schleppt, sollte er auch zuweilen unter der Last stolpern, ja
niedersinken, wenn er sich nur bereitwillig wieder aufrichtet und
so seine Last bis zum Ziele schleppt. Ein treuer emsiger Knecht,
der auf jeden Wink seines Herrn herbeieilt, hierhin, dorthin,
hertragend, forttragend, ist freilich öfter im Fall, etwas zu zer=
brechen oder schief auszurichten, als sein für seine Ehre mehr
als für seinen Herrn besorgter Camerad, der wohlbedacht lieber
warten läßt, als sich einer Uebereilung aussetzt, lieber zurück=
bleibt, um einem häßlichen Auftrag auszuweichen, bei welchem
man leicht fehlen kann, und diesen seinen Cameraden überläßt.
Doch die Hand auf's Herz, Herr dieser Knechte; wofern du
Gefühl hast, sei es, daß über letzteren keine Klage zu thun sei,
daß er seine Pflicht treu und vielleicht vorwurfsloser als jener
erfüllet — welcher von beiden ist dir der liebste?

Den 16. Mai 1787.

Als Fürstenbergen K.'s Zustand geschildert und dabei ge=
sagt wurde, K. habe geklagt, das Gebet helfe ihm nicht, ant=
wortete derselbe: „thut nichts, er soll wieder beten, und hilfts
noch nicht, wieder beten, sich auf die Erde werfen und immer
wieder beten.“

Den 23. Mai.

Meinen Grundsatz, über dessen Richtigkeit so manche vor=
überfliegende, doch nie überwiegende Zweifel aufgestoßen und
gemacht worden sind, um dessen Festhaltung ich so manchen

Kampf gekämpft habe, nemlich: in meinem Thun und Lassen
nicht ganz allein nach dem Gutheissen und Ausspruch meines Gewissens über Gutes und Böses, sondern auch nach
dem inneren Ausspruch, der aus dem Herzen meiner Kinder und Nächsten um mich her: die mir von Gott anver-
traut worden, ihrer Lage und Einsicht nach ausgehen, muss
oder kann, mich zu richten, finde ich täglich richtiger und in
dem Grade höher und tiefer, vielleicht selbst darum so manchem
Zweifel unterworfener, als er mehr Selbstverläugnung, mehr
Duldungskraft, mehr Demuth erfordert.

Den 27. August.

Ich sah nun deutlich und zu meiner nicht geringen Er-
leichterung, daß die dumpfe Gewissensangst, die mich mir abscheulich schilderte dort selbst, wo ich doch nur schwach, unver-
mögend war, größtentheils aus dem Zustand meines Körpers
und meiner Lage entsprungen war. Mein Körper, insonderheit
mein Kopf war nach den langweiligen schlaflosen vier Wochen,
in welchen ich in einer beinahe beständigen Spannung lebte,
nichts nehmen, nichts geben konnte, als eben mit aller Noth
und ohne ruhige Uebersicht eine armselige Lection meinen Kindern, so ganz leer und eingeschränkt geworden, daß ich, als der
Prinz fort war, in einen Zustand gerathen war, wo ich platter-
dings nur die jedesmal gegenwärtige Empfindung der vor mir
stehenden Gegenstände aufzufassen im Stande war. Nun waren
aber diese Gegenstände um so viel mehr ganz auf meine so
schlecht gestimmte Kinder, den trockenen M. und meinen jetzt
auch leeren lauen H. eingeschränkt, weil ich mich verpflichtet
hielt, nun geschwinder alles wieder an ihnen gut zu machen,

jeden sich anbietenden anderwärtigen Zerstreuungsgenuß auszu=
schlagen, um mich stets mit ihnen abzugeben. Da ich aber selbst
arm war, fruchtete ich wenig und bekam in armseligen einzelnen
Empfindungen meine eigene Armuth bereichert mit ihrer jedem
von ihnen eigenen Schal= oder Schalkheit zurück und gerade,
weil ich in keinem Zusammenhange denken konnte, also auf bloße
einzelne Empfindungen, worin stets etwas von mir enthalten
war, reducirt war, bekamen sie in mir ein Gepräge, als wäre
das ganze Bild meine Gestalt, bloß reflectirte Strahlen meines
Ichs. Nun beging ich obendrein noch den Fehler, daß ich dieses
Gefühl meiner Nichtswürdigkeit, anstatt es in Demuth zu tragen, bis
Gott für gut befände, mich davon zu befreien, mit einer heftigen
Indignation gegen mich selbst trug und mir theils durch Opium,
theils durch allerlei vordringliche Anstalten mit meinen Kindern und
H., die ich zwar jetzt noch nicht als falsch betrachten kann, einen
besseren Zustand erzwingen wollte. Ich betete zwar in demü=
thigen Worten und Gefühlen der Unterwerfung nicht um Be=
freiung, aber doch zu heftig um Kraft, und im Grunde ist doch
eben Kraft von oben, die uns tragen hilft, so gut als Be=
freiung. Ich sah es diesen Abend deutlich ein, daß die wahre
Geduld und Sanftmuth mit uns selbst darin besteht, das
zu leiden, was Gott zuschickt, so wie er es schickt, ohne Be=
dingung, mit Sanftmuth, ohne heftiges Bestreben dagegen, ohne
Sträuben gegen die freilich bitterste aber auch gegen unsern
Stolz heilsamste Anschauung unsrer Abjection. Ich sah ein,
daß selbst die Zweifel, die Dunkelheit, die Gott mir aufzulösen
nicht für gut fand, eine väterliche Versuchung sein können, um
uns zu prüfen und zu bilden zu der hohen Lehre.

Du glaubeſt, weil du ſieheſt; ſelig, die da
nicht ſehen und doch glauben,

und doch betete ich mit dem größten Ungeſtüm nur wenigſtens
um Licht, nur wenigſtens, daß ich Sicherheit erhielte, ob ich
den Ihm wohlgefälligen Weg wandelte oder nicht und wie ich
diesfalls fehlte.

Ich betete, flehete hinein mit einem Gefühl, an die Er=
hörung dieſes Gebetes doch wenigſtens mit Recht Anſpruch
machen zu dürfen, als wäre ich berechtigt, wenn Gott von mir
fordern wollte, daß ich den wahren Weg gehe, von ihm zu
erwarten, er müſſe mir ſelben klar zeigen.

O ich Kühne! Kleingläubige! hat er mir

1) in ſeinem Evangelio, welches ich dieſe Zeit über aus
Degout nicht zu Rathe zog, nicht deutlich genug ſeine Wege
erklärt? Wäre es mir

2) zuträglich, ſtets ſonnenklar ſein Geſetz zu erkennen?

Wie werde ich vor ihm beſtehen, da ich noch oft ſo ſchwach
bin, ſelbem genau nachzuleben, wenn er mir in meiner Schwäche,
in der öfteren Eingeſchränktheit meiner Reproduction nicht ſelbſt
ſo gnädig einen Entſchuldigungsgrund vor ſeiner Gerechtigkeit
verliehen hätte, und, iſt es nicht billig, daß dieſer Entſchuldigungs=
grund zugleich ſeine Geißel bei ſich führe, damit der Menſch
nicht geneigt werde, ihn vorſetzlich, ſich ſelbſt bethörend, anzu=
halten und ſo die heilſame Wahrheit zu fliehen!

3) Wie heilſam iſt dieſe Demüthigung nicht gegen den
ärgſten Erbfeind des Menſchen, den Stolz, den nichts ſo ſehr
ernährt als leichter Fortgang und ununterbrochen heitere helle
Einſicht? wie leicht vergißt er dabei, daß dieſes Gotteskräfte,
nicht die ſeinigen ſind! Bewirke dein Heil mit Furcht und

Zittern, ist eine tiefe in die Menschheit eingreifende weise Lehre für den, der sich selbst zu kennen sich bestrebt hat, und was bringt uns mächtiger zu dieser heilsamen Furcht zurück, als Epochen des Zweifels, der Dunkelheit und des Gefühls von Ohnmacht?

Ich preise dich, himmlischer Vater, mehr noch für die Leiden, die du mir gesendet hast, als für die unzählig vielen Freuden. Ach, freilich ist es ein Leichtes, dir zu danken in der seligen Stunde meiner Befreiung, doch du, der du die Nieren durchforschest, du weißt es, daß auch während meines tiefsten Leidens, selbst mitten unter meinem ungestümen Flehen um Licht, ich dir aufrichtig dankte für diese Leiden mit der mir allein noch übrig bleibenden tröstlichen Ueberzeugung, daß mir diese Leiden ebenso zu meinem Wohl als jede Freude von dir verhängt wären, daß mein Fleisch allein, nicht mein Wille in Ungeduld wandelte. Ach, gib mir Kraft zur kräftigen Geduld und Sanftmuth mit mir selbst! In dem Grade als diese, wird auch meine Geduld und Sanftmuth mit meinen Nebenmenschen zunehmen. Herr, erhöre mich. Amen.

Ich hatte Mühe, mich diesen Abend in's Bett zu legen. So herrlich war mir bei dieser Einsicht, bei diesen Gefühlen. Ich hatte eine vortreffliche Nacht, träumte so sehr lebhaft und gut von Göthe, daß ich beim Erwachen meine große Versuchung erneuert fühlte, ihm endlich zu antworten, widerstand ihr aber bei der Erinnerung, weswegen ich hier wäre und wie unwürdig der schon so wirksam empfundenen Begnadigung ich mich machen würde, wenn ich nicht jeden Augenblick zur Mitwirkung verwendete.

Die kleinen Versuchungen und Reize zur Ungeduld sind einer Seele, die guten Willens ist, oft gefährlicher als die großen. Es ist, als wenn wir bei jenen fühlten, o, es ist der Mühe nicht werth, große Anstalten zu machen, um sich zurückzuhalten, es ist zu wenig, als daß Gott sich darum bekümmere, zu gering, um Kräfte aufzubieten. O über uns Thoren und Leichtfertige, uns selbst zu hintergehen! als wenn nicht gerade die kleinen Gelegenheiten einerseits gerade die häufigsten und also Gewohnheit in uns zu bilden die kräftigsten wären und als wenn sie nicht andrerseits gerade darum die schwersten wären, weil hier Beifall der Eigenliebe, Gefühl der eignen Macht und Zuruf der Zuschauer uns nicht zum Sporn dienen, wie bei großen Gelegenheiten.

O Liebe, o Frieden, heiliges Paar! Ziele alles meines Strebens, theure Geliebte meines Herzens! ach, wo ihr mir entgegenstrahlt, wehet Gottes heiliger Hauch mich an. O Mensch! wer du immer seiest, verächtlich und klein geachtet von den Großen dieser Erde, gestatte mir, daß mein ermüdetes Haupt an deinem Busen ruhe, daß ein Blick deiner Liebe aus deinem Auge in das meinige strahle, ein sanfter friedlicher zarter Laut aus deiner Brust in mein Ohr himmlische Harmonie bringe — und du bist mir ein Gesalbter, ein Spiegel, der Strahlen der Gottheit in meine Seele zurückwirft. Wie manchmal hat mir mein Joseph diesen Dienst geleistet! Was, dein Lackai? Ja, mein Lackai, Aermster, o, wie beklag' ich dich, wenn du wähnest, ein Lackai könne ein so Bevollmächtigter unseres Gottes nicht fein, weil er etwa der Bevollmächtigte deiner fürstlichen Gnade nicht sein kann.

Den 26. November.

Ein charakteristischer Zug von Fürstenberg schien mir folgender:

So weit ich seine mit Hamann angeknüpfte Unterhaltung in Buchholz's Hause angehört habe, wohl eine halbe Stunde, sprach er immer allein, ließ Hamann nicht zu Worte kommen, so daß der größte Theil meines Reizes aus der Aengstlichkeit entstand, die ich zum Theil für Hamann spürte und zum Theil auch wegen des unangenehmen despotischen Eindrucks, den Fürstenberg durch das lange Alleinreden, ohne die Einwürfe anzuhören, überall und besonders in diesem Hause zu machen pflegt. Als ich mit Fürstenberg nach Hause fuhr, sagte er mir dennoch: „Nein, mit Hamann disputire ich in meinem Leben nicht mehr, er läßt einen nicht zu Worte kommen." Nichts als die mächtige Furcht, Fürstenberg zu kränken, war vermögend, einem heftigen Ausfall von Lachen, der mir bald die Gurgel zuschnüren wollte, Einhalt zu thun. Diese Klage erschien mir in einem so drolligen Contrast mit der Sache, wie ich sie wenigstens die erste halbe Stunde selbst gehört hatte und das Uebrige aus Hamann's Schüchternheit vermuthen mußte, daß ich mich nicht enthalten konnte, wenigstens anzumerken, es dünke mich, ich hätte ihn doch lange hinter einander ohne einen Laut aus Hamann's Munde allein sprechen hören, und dann, es komme ja in metaphysischen Dingen nicht auf's Rechthaben und Bekehren sowohl an, als um das Angenehme darunter zu discutiren. (Er:) Ja, aber man müsse sich verstehen. — (Ich:) Aber man müsse auch das verschiedener Meinung bleiben, in der seinigen beharren einem Menschen nicht immer als ein Mißverstehen auslegen. Ich sah, wir würden nicht eins hierüber werden, ich schwieg also und sah auch an der Art, wie er mir gute Nacht sagte, daß ich ihn nicht beleidigt hatte.

Den 30. November.

Worin, sagte ich zu mir selbst, ist Fürstenberg so vielen Menschen, die ihn doch im Ganzen sehr verehren, und mir selbst oft so drückend? Gerade darin, daß er, stets mit sich selbst beschäftigt, den beständigen Drang fühlt, und, wo er nur immer kann, befriedigt, von sich, von seinen gegenwärtigen und vergangenen Geschäften, was er gesagt hat und immer in dem Gesichtspunkt davon zu sprechen, um einem das Weise, Ver= nünftige, Vorzügliche davon bemerken zu machen. Es muß wohl die lange Gewohnheit sein, an dem Ruder eines Staates zu stehen, die ihm es so zu sagen zum Instinct gemacht hat, daß seine Geschäfte, die vornehmsten und interessantesten für den Staat, auch die interessantesten eines jedweden Individuums insbesondere sein müssen und daß seine Meinung überall die einzig wahre sei, wie sie die erste und diejenige ist, nach der sich alles in Staatsgeschäften richtet. Denn sobald er in eine Stube tritt, so pflegt er meistentheils so zu handeln. Er spricht dann unbekümmert um alles, was die Menschen, die darin sind, vorher beschäftigte, von Dingen, die ihn jetzt beschäftigen, die er heut oder gestern gethan, gedacht und geredet hat. Ist Politik auf dem Tapet, so weiß er Tag, Ort und Person zu nennen, der er das Evenement vorher gesagt; ist's Wissenschaft=

liches, so sagt er nicht seine Meinung als eine Meinung, sondern
verneint die andere geradeaus und trägt sein ganzes immer
sehr langes und mit unsäglich viel anderen Ideen zusammen=
hängendes System hierüber als die Entscheidung der Sache vor;
ist von Leibesübungen die Rede, so erzählt er, wie noch kürzlich
junge Leute über seine Geschwindigkeit staunten, trägt sein
Schwimmsystem als das beste vor u. s. f., alles mit einer
Zuversicht, die anzeigt, daß er das Schweigen eines Jedweden,
wenn er sprach, von lange her gewohnt ist, für den voll=
kommensten Beifall zu halten, wovon ich dann leider das Gegen=
theil so oft sah und hörte. Diese Gewohnheit nun, überall nur
als Gegenstand der Beschäftigung anderer mit stets unbestrittenen
Meinungen in jedem Fach, in jeder Gesellschaft zu stehen, hat
ihm auch alles Interesse für Anderer Meinung benommen,
wenige Fächer ausgenommen, wo er sich nicht bergen kann, daß
er nichts darin gethan, wie z. B. wenn er bei einem Physiker,
Anatomiker oder dergleichen steht. Auch sind diese Art Männer
die einzigen, die er anhört, und nebst diesen etwa einen Politiker
oder Geschäftsmann, die ihm neue Facta erzählen. Hemsterhuys,
der Beides kann und darüber noch die Kunst versteht, daselbst
zu bewundern, wo er mir selbst, hundertmal, wenn die Leute
fort waren, und namentlich Fürstenberg, mit Verachtung oder
Geringschätzung von derselben Sache und Meinung sprach, gab
mir, wenn ich ihm dann seinen Doppelsinn vorwarf, zur Ant=
wort: „ma chère Diotime, de tels prejugés ou foiblesses
ne se laissent pas guerir, ainsi ne veut-il pas mieux faire
aux personnes, qui les ont, le plaisir, de paroitre d'accord
avec eux?" Das wäre denn meine Meinung nie, wenigstens
(sagte ich ihm dann) brauchen Sie ihnen doch nicht gar Be=

wunderung vorzuspiegeln, wo Sie mißbilligen oder geringschätzen. Auch habe ich darin bei Fürstenberg meine Pflicht erfüllt, daß ich's ihm oft en gros gesagt habe, daß das Schweigen der Leute, wenn er beständig allein spräche, nicht immer Billigung, Interesse, Bewunderung, sondern oft auch Langeweile, Verzweiflung, selbst zu Worte kommen zu können, oder, wenn es Einheimische sind, Furcht, ihm zu mißfallen, weil sie wissen, daß er Contradiction in wissenschaftlichen, von ihm einmal durchdachten und dann ausgemachten Dingen unsachte dulde, seien, die sie zum gänzlichen Stillschweigen und unterbrochenen Zuhören bewegen. Oft nahm er die Warnung nicht gut auf, zuletzt zuweilen gut, aber nur selten, nur einige Male mit Rücksicht darauf, und dann selbst war es nur für ein paar Male. Stets kehrte er wieder auf seinen alten Weg zurück, wozu Landtage und die Gesellschaften, die er wegen der Geschäfte ohne mich immer wieder frequentiren muß und worin er dann nach Herzenslust predigt, dirigirt und demonstrirt, ohne daß ihm Jemand nur folgen, geschweige antworten kann, oder, wenn's ja geschieht, so tumultuarisch, so grundlos und antilogisch, daß er sich immer offenbar bewußt bleibt, Recht zu haben.

Den 1. December.

Bei Gelegenheit eines Streits zwischen Buchholz und Hamann war es, daß Hamann folgende Worte sagte, die mir tief in's Herz fuhren:

„Wenn ich einen Saamen in die Erde säe, so bleibe ich nicht stehen und horche und sehe zu, ob er auch wachse, sondern

ich säe und gehe von dannen, weiter zu säen, und überlasse
Gott das Wachsen und Gedeihen."

Ich fühlte mich in meinem Innersten durch diesen erhabenen
Grundsatz gerührt und getroffen — — — als wenn ein helles
Licht in meine Seele käme und nun mit einem Male meine
schon längst gefühlte dunkle Ahnung erleuchtete — ich las nun
diese Ahnung in deutlichen Worten: „Unglauben ist es im
Grunde, versteckter Unglaube und Genußsucht, was deine vielen
eigenen Anstalten und Sorgen herbeiführt, um den Saamen,
den du säest, zu behorchen und wachsen zu sehen!" ich war
froh, diese Worte deutlich in mir zu hören, obschon ich nicht
das vermessene Zutrauen zu mir hatte, mir vorzunehmen, dem
hohen Winke zu folgen — aber eine heimliche süße Hoffnung
belebte meine Seele bei der lebendigen Erinnerung, wie Gott
so väterlich bisher meiner Schwäche geschont und mir immer
nur so viel Licht aufgesteckt habe, als ich ertragen und in
demüthiger Mitwirkung zu befolgen fähig war; ich dankte also
fröhlich.

Den 17. Februar 1788.

In Welbergen ward mir an der mir oft beinahe über=
trieben scheinenden Herabschätzung Hamanns seiner selbst manch
erweckender Augenblick, insonderheit war ich einmal so glücklich
und erhaschte bei ihm und durch seinen Anblick — ein hohes
Bild einer christlichen Größe in Lumpengestalt, der Stärke in
der Schwäche, das meine Seele begeisterte, aber auch beugte,
indem ich die Kluft sah, die noch zwischen mir und dieser Größe
liegt, und diese Beugung war nicht Stolz — denn keine Ge=
stalt kann dem Stolz zuwiderer sein als diese in jedem Sinne

wahrhafte Knechtsgestalt, die, mit kurzen Worten, nichts anderes
ist als eine gänzliche Umwendung, wodurch der Mensch das=
jenige, was er pflegt auswärts zu tragen, **hinein,** und das,
was er pflegt ins innere zu verbergen, herauswendet. Ach nur
der, der das ganz kann, ist ganz **Christ.**

So oft mir's in den Sinn kommt dieses schöne Bild der
Gottseligkeit, so scheint mein Sehnen darnach eine lodernde
Flamme — — und bald nachher — wie ohnmächtig! wie
weit davon entfernt trage ich wieder meinen Kram zu Markt
und kümmere mich wieder — — um eitlen Dampf!

„Unglauben an Wahrheit oder vielmehr Zweifelsucht an
Wahrheit und Leichtgläubigkeit des Selbstbetrugs", diese, wie
Hamann sagt, unzertrennliche Symptome, wie erlöse ich mich von
diesem Uebel und was ist Wahrheit? Welche Wahrheit erkenne
ich, kann ich als Wahrheit erkennen? — nur eine — dem
Herrn glauben, ihn lieben und hoffen auf seinen Tag.

Den 9. März.

Buchholz *) Idee, Furcht (wie er sie nennt), er sei Christus,
der wiederkommen sollende — ihm sei dieser Beruf — kam
meistens von außen, hauptsächlich durch die Begegnungen und
Behandlung des Lavater und durch eine Stelle eines Briefs
von Hamann, den er mir den Tag darauf schicken wollte (NB. es

---

*) Franz Buchholz, Herr von Wellbergen, welcher durch Lavater
von des Philosophen Hamann Verdiensten und bedrängten Vermögens=
verhältnissen Kenntniß erlangt hatte, schenkte ihm ein beträchtliches Ca=
pital. Hierauf bezieht sich der Brief vom 24. Februar (1785).

ist aber bisher unterblieben). Beigetragen dazu habe ein inneres
Selbstgefühl — in dem er sich mit andern verglich — und die
Hauptzüge der Christusähnlichkeit, nemlich das Heldenthum der
Wahrhaftigkeit nirgends so als in sich selbst zu finden meinte.
Diese Idee sei ihm aber dennoch sehr bald vergangen. Dieser
sei dann eine andere gefolgt, er habe nemlich die Bestimmung,
Hamanns Nachfolger zu sein, aber (wie es, da er eine neuere
Generation von ihm sei, sein müßte) in einem verfeinerten höhern
Grade. Den Hamann sieht er nemlich als einen an, der als
der reinste wiederum Christo ähnlichste, ihm nächste, einzelne
Menschen durch Beispiel und Belehrung zu bessern bestimmt sei.
Nun war seine Unruhe, ob es nicht Stolz in ihm sei, haupt=
sächlich aber, ob es mit dem Stolz, wie mit der Trägheit wäre,
daß nemlich jener wie diese ein unwillkührliches Gebrechen, eine
böse Neigung im Menschen sein könne, er habe bisher immer
geglaubt, Stolz sei immer willkührlich und Trägheit nicht, führe
auch nie wie der Stolz zur Heuchelei, es wäre ihm erstaunend
lieb, wenn ich ihn vom Gegentheil überzeugen könnte. Ich meine,
das ist leicht.

Den 1. Mai.

Eine frappante Darstellung.

Einer der heiligsten Propheten, sich auf göttlichen Beistand
verlassend, sprach: „ich werde nimmermehr darnieder liegen":
nachdem die Gnade sich ihm entzogen hatte, setzte er hinzu: „da
du dein Angesicht verbargest, erschrack ich." Doch verzweifelte
er nicht, er flehte desto häufiger zu dem Herrn und sprach:
„zu dir, Herr, will ich rufen; dem Herrn will ich flehen."

Nachdem er seiner Bitte gewährt worden, rief er aus: „der Herr hat mich erhört und sich über mich erbarmt, er ist mir zu Hülfe gekommen." Aber wie? Er spricht: „du hast meine Klagen in einen Reigen verwandelt und mich mit Freuden gegürtet."

Da es so großen Männern so erging, so müssen wir Arme, Elende, nicht verzagen, wenn wir zum Guten bald Frost und bald feurigen Eifer in uns wahrnehmen; denn der Geist Gottes kommt und geht nach seinem Wohlgefallen. Daher heißt es: „du, Herr, suchest den Menschen täglich heim und versuchst ihn jede Stunde." Versuchung dieser Art ist Gnade, ist Prüfung, uns mit unsern schwächern und stärkern Seiten bekannt zu machen.

Es ist also nicht, wie die sogenannten Philosophen sagen, ein Gottes unwürdiger Begriff, daß uns Gott in diesem Sinne versuche.

Den 24. Mai.

Von Hamann habe ich manches in dieser Zeit gelernt; aber aus Nachlässigkeit im Aufschreiben und Mangel an Zeit, jedesmal gehörig darüber nachzudenken, liegt das meiste davon noch zu sehr im Dunkel gehüllt. Soviel ahndet mir immer mehr, daß Hamann der wahrste Christ ist, den ich noch gesehen habe.

Seine dunkeln Redensarten, seine anscheinenden Widersprüche rühren meist aus der reinsten erhabensten Quelle. Er will nie durch seine Meinungen und Reden glänzen, gefallen, andere hinreißen. Daher nimmt er gewöhnlich, wenn er auch eine Meinung dahin gegeben hat, gar bald die entgegengesetzte

Parthei, insonderheit, wenn es Menschen betrifft, sobald er
merkt, daß diese Meinung von andern mit Leidenschaft ergriffen
wird. Beständig zeigt er sich beinahe als ein Thor, damit nur
andere, auf die er glauben kann Einfluß zu haben, die ihrer
Lieblingsseite entgegengesetzte auch zu beherzigen Gelegenheit haben.
Er selbst scheut nichts so sehr, als sich tugendhaft oder
gelehrt wissend einem darzustellen. Seine Demuth ist so
ungekünstelt als Fürstenbergens Gerechtigkeit. Denn sowie dieser
selbst seine Feinde **so** zu vertheidigen pflegt, daß er die Zuhörer
wirklich überzeugt, so zeigt jener seine eigenen **wirklichen
Schwächen** oder vielmehr, er verbirgt sie nie und nirgends,
so daß sein Zuschauer auch wirklich überzeugt wird, er habe
sie. Denn nichts ist ihm abscheulich als Heuchelei, und auch
Demuth ist Heuchelei, wenn sie nicht überzeugt, nur feinere,
schlauere und daher satanischere Heuchelei. Er spricht stolz
und zeigt sich niedrig. Falsche Demuth thut das Gegentheil.
Auch Aufklärungssucht ist ihm als baarer Stolz, Eingriff
in die Rechte der Vorsehung, an der er mit kindlicher Ruhe
hängt. Diese zwei Dinge verfolgt er, wo er sie nur muthmaßen
kann, überall mit Ironie. Es scheint mir seine ganze Philo=
sophie mehr negativ und dem Satze ähnlich, den er mir letzthin
zu Angelmodde mit einem Liebhaber=Nachdruck sagte: ma seule
règle c'est de n'en point avoir. Ich muthmaße aus allem,
was ich von ihm bemerkt habe, er denkt — und ich stimme
ihm jetzt von Herzen bei — alles Gute, dessen wir Menschen
fähig seien, ist bloß negativ, es sei im Betreff unserer selbst
oder anderer. Wir können bloß wegzuräumen streben, was uns
verhindert den Einfluß der Gottheit lauter zu empfangen
und aufzubewahren, ein Streben nach Systemlosigkeit und dem

sokratischen einfältig hohen Bewußtsein unsrer Unwissenheit, Hin-
fälligkeit und Schwäche. Wer zu dieser gelangt, der wird ohne
große Anstrengung demüthig, nachsichtig und folglich liebend
von ganzem Herzen sein und den Frieden besitzen, der über
alle Vernunft ist.

Ich war vorigen Donnerstag den 22., als ich nach Tisch
mit ihm in der Laube saß, sehr gerührt, als er mit der Fülle
des Gefühls, die nur der ausdrücken kann, dem dieses Gefühl
eigen ist, den Spruch aus dem Paulus citirte von göttlicher
Thorheit ad Cor. 1 Epistel I. 23, 25, 27; ich mußte die
nahen Thränen, die mir in die Augen stiegen, mit Gewalt ver-
schlucken, denn ich fühlte i h n augenblicklich lebendig in diesem
Spruch verhüllt.

Seine Schwächen mögen immerhin Legion heißen, ich habe
nie eine an ihm erblickt, ohne von neuer Ehrfurcht durchdrungen
zu werden; denn nie bemäntelte oder milderte er sie etwa,
wenn er sich ihrer und der Zuschauer bewußt wurde. Er ist
kindisch auffahrend, insonderheit gegen seinen Sohn — aber nie
sah ich ihn erschrocken beim Anblick der Zeugen oder die Galle
in Zucker zu verwandeln streben. —

Sonntag, den 22. Juni vom Fischfang Petri Luc. 5.

Und dieweil er ein göttlich Leben führte, nahm
ihn Gott hinweg und er ward nicht mehr gesehen.
1 Mof. Cap. 5. V. 24.

Donnerstag den 19. brachte ich den letzten Morgen mit
dem Seligen, Einzigen zu — ich frühstückte bei ihm — er war
sehr schwach, wie ich ihn aber wohl schon gesehen habe, und

schrieb es nach seiner eigenen Meinung der Unruhe der letzten
Wochen, dem Gram und Fatiguen mit B . . . zu, so daß
ich es mit ihm wirklich glaubte, sobald er im Wagen sitzen
würde, um nach Düsseldorf zu fahren, würde sich alles ändern
und er sich so wunderbar schnell erholen als er es wohl pflegte.
Er war in einer beständigen Neigung zum Schlummern, sprach
aber doch, obschon es ihm schien beschwerlich zu fallen und ich
ihn stets daran zu verhindern strebte, viel, z. B. von seinem
Sohn, über dessen Abstreiten er oft klagte, ich fand denselben
auch diesen Morgen so sonderbar rasch und entscheidend, daß ich
nicht umhin konnte, ihn bei Seite zu ziehen, um ihm einen
Wink zu geben, über die Nothwendigkeit nachzugeben und seinen
schwachen Vater nicht zu reizen.   Die Pfeife, die diesen Morgen
mit dem Futteral fertig ward, machte ihm eine kindliche Freude,
vorzüglich Freude ihm mein darauf eingegrabener Name und
die Jahreszahl. „Sie wollen,“ sagte er, mit thränenden Augen,
„ich soll stets Ihrer gedenken; nun dazu habe ich ohnedem Stoff
genug.“   Ich: „Beten Sie zuweilen für Ihre Tochter und
nennen mich, wenn Sie mir schreiben, nicht Ihre Durchlaucht.“
Er: „Nein, lieber nenne ich Sie auch Amalia, mein Gebet ist
nichts werth, aber wir haben alle einen Fürbitter, der stets mit
unaufhörlichen Seufzern für uns fleht.“ — Ich: „Sie werden
heute, wenn Hans ausgeht, allein sein, wollen Sie Mikeln,
Pois zc.?“ — Er: „Nein, ich brauche nichts und bin nie allein;
auch Sie werden nie allein sein, wir haben einen, der mit und
in uns ist beständig (mit Thränen).“   Ich fiel auf seine Hände
mit unaussprechlicher Wehmuth, küßte sie lange. — Er: „Sie
demüthigen mich, liebe Amalie.“ — Nun wollte er noch gern
Corduan = Pantoffeln haben, die seinigen waren dicke wollene

Winter-Pantoffeln, ihm zu heiß. Ich ließ den Schuster kommen,
bestellte ihm zwei Paare. Nun wollte er die neue Pfeife ein-
rauchen, Hans mußte sie ihm anstecken. Er that einige Züge,
konnte sie nicht ausrauchen, bat Hans, sie auszurauchen, und
als dieser gleich mit der leeren Pfeife wieder kam, sie in's
Futteral zu stecken und vom Vater, wo er den Taback gelassen,
befragt wurde, antwortete, er habe ihn nicht rauchen mögen,
sondern fortgeworfen, ward Hamann sehr böse, daß er alles so
verschwende, daß nun die schöne Pfeife nicht genug eingeraucht
sei. „Bei uns," sagte er voll Verdruß, „ist alles verschwendet,
wir wissen mit nichts umzugehen." Wir sprachen noch vieles
über unsern Favoritgegenstand, die Bibel, da der Sohn fort
war. Unter anderm sagte er über das unwürdige Communiciren und die Parabel vom hochzeitlichen Kleid: Alles müsse uns
gegeben werden, um würdig zu communiciren, wie den Gästen
in den alten Sitten das hochzeitliche Kleid gegeben wurde. Der
Willen sei das einzige, das wir hinzu thun können. Ueber die
Parabel von den Kindern, die gegeneinander auf dem Markte
sitzen und sich zupfeifen, sagte er, es wäre von den Leuten zu
verstehen, die aus dem Besten Gift zu saugen verständen, denen
man es also nie recht machen könne. — Als es beinahe 10 Uhr
war und ich weg mußte, ward mir unbeschreiblich angst. Er
merkte es, bat mich oft, doch ja nicht Abschied zu nehmen, er
wolle mich doch zu Düsseldorf erwarten bis in die Hälfte Juni.
Obschon sein Sohn, der nun wieder gekommen war, ihm darin
wieder sehr rauh widersprach, wies er ihn sehr sanft zurecht,
fuhr jedoch, als jener von irren sagte, zuletzt etwas unwillig
auf: „Mein Söhnchen, ich will irren, Du weißt es
nicht besser, errare humanum est."

Nach einigen ängstlichen Augenblicken von beiden Seiten, da er merkte, daß ich fort wollte, küßte ich seine Hand und stürzte aus der Stube, mehr als ich heraus ging. Ich hatte noch Wagen, Pferde, Manteljackaufpacken, alles zuvor so eingerichtet, daß er den andern Tag um 4 Uhr weg konnte. So wollte er es. Zum Essen hatte er keinen Appetit mehr, nur Sauerampfer sollte ich ihm schicken. NB. als ich früh halb 6 Uhr zu ihm kam, fand ich ihn auf'm Bett im süßesten Schlaf, ein unbeschreibliches sanftes Lächeln auf dem Munde, und saß vor ihm über 5 Minuten ganz versunken in dem schönen Anblick.

NB. er hatte sehr gewünscht, den Freitag Abend abzureisen, weil dieser Freitag der 20. Junius, der Jahrestag seiner Abreise aus Königsberg, war und auch weil es der erste Sommertag wäre; allein der Fuhrmann konnte vor Sonnabend früh nicht.

Als ich Freitag Abend von Angelmodde kam, erfuhr ich, er sei krank und noch hier, ich erschrack, eilte, so müde ich war, zu ihm und fand ihn röchelnd, sehr schlecht, er sprach beschwerlich. Noch immer wollte er heute noch reisen, reichte mir sehr liebreich mehrmalen die Hand. Ich ging mit schwerem Herzen von ihm zu Druffeln, schickte noch Abends 10 Uhr eine Estafette nach Düsseldorf, schrieb von seinem Zustand, doch noch ohne Ahnung eines so nahen Todes, ich schickte Pois zu seiner Bewachung. Ich konnte früh nicht aus dem Bette, weil ich sehr müde erst gegen halb 6 Uhr erwachte und ihn so schlecht nicht glaubte und mich stärken wollte, den Tag bei ihm bleiben zu können. Dennoch trieb mich eine gewisse innere Bangigkeit eher aus dem Bett als ich mir vorgenommen hatte; ich fühlte Drang zu ihm. Indem ich mich präparirte, kam Fürstenberg und meldete mir, er sei schlechter, um 4 Uhr habe er ihn gesehen, Chabot meine, er werde den Tag nicht überleben, ich war wie erstarrt, bereitete mich nun, den ganzen Tag dort bleiben zu können und ging eilend hin. Druffel und der Sohn kamen mir auf der Treppe entgegen. Druffel sagte, ich möchte lieber nicht hineingehen, es wäre so gut als vorbei. Ich konnte aber nicht umkehren, mußte den lieben Heiligen wenigstens noch an= blicken. Er lag da mit verdrehten Händen, steif gen Himmel gekehrten Augen, ohne Anschein des mindesten Bewußtseins. Doch schluckte er noch bis 8 Uhr alle 15 Minuten etwas ol. vin. mechanisch — und verschwand vor unsern Augen in derselben Lage. Nur durch das Aufhören des Pulses beurtheilte Chabot die Zeit seines leiblichen Todes: schon einige Stunden vorher scheint seine Seele zu ihrem Gott gekehrt gewesen zu sein.

Mein letzter Trostgedanke war, er erbittet dir vielleicht die Kraft zu werden, was er dir durch sein Leben dargestellt und durch Worte gelehrt hatte. Ein unbeschreiblich süßer Gedanke war mir, die Asche dieses Seligen, Großen — so wenig ge= kannten — in meinem Garten zu bewahren, einst meinen Kindern vielleicht bei diesem Grabe etwas von dem Geist des Verstorbenen einzuhauchen — mir selbst eine beständige Er= weckung! Ich erhielt es mit Mühe, man drohte mir mit üblen Nachreden, Mißvergnügen der Geistlichkeit u. s. w. Nach vielem Hin= und Herlaufen erhielt ich's durch Heckmann*) gegen das Versprechen, es in die öffentlichen Papiere einfließen zu lassen, daß es nicht aus Intoleranz, sondern auf meine ausdrückliche Bitte geschehen sei.

---

*) Hofkammer=Direktor.

Dennoch erzählte mir vorigen Sonnabend Frau v. K.
allerlei dummes Gerede über mich und Fürstenberg bei Gelegen=
heit dieses Vorfalles, ex. gr. ich und Fürstenberg wir hätten
uns maskirt und so den Körper selbst abgeholt, allerlei Cere=
monien beim Begräbniß verrichtet, ich hätte mich, ehe der Sarg
zugemacht worden, längsthin auf seinen Leichnam geworfen, den=
selben mit Rosen bestreuet — und immer wieder dann eine
Schichte Erde, dann eine Schichte Rosen; dann hätten wir
allerlei Touren und Figuren im Garten gemacht u. s. w., was
alles des dummen Zeuges mehr war, das sie mir mit einem
feierlichen Aerger erzählte, woran ich mich mehr ärgerte als an
der Sache. — — Doch sie meint es nach ihrer Art gut und
meint, was für ein Gutes zu thun, der Donquichote solcher
songes zu sein, die kein vernünftiger Mensch glaubt und die
durch Vertheidigung allein mehr Credit erhalten als durch stilles
Dulden.   Ich konnte ihr gar nicht begreiflich machen, que le
pire, c'est a dire qu'on le crut, étoit peu de chose — —
et qu'au fond aucune ame raisonnable ne le croiroit, que
ceux, qui le croisient, vouloient bien le croire, puisque,
ayant des moyens si simples de s'informer de la verité,
puisque rien ne s'étoit fait en cachette, mais en présence
de domestiques étrangers et des miens et de ceux de la
maison de Buchholz et par Pois etc., ils ne le faisoient pas.

Die Reflexion, daß man nicht einmal ohne das critische
Auge und die Schmähsucht der leeren Weltmenschen einen Freund
begraben könnte - - gab mir ein entsetzlich ödes ekles Gefühl
und vermehrte meinen beinahe übertriebenen Abscheu.

Dieser Todesfall verdarb mir die Freude über Hemsterhuys
Ankunft. Er kam Sonnabend den 21. Abends gegen 8 Uhr.

Der Johann Michel war gerade bei mir, um das Grab des
Vaters zu sehen.

Noch mehrere Tage nachher konnte ich Hemsterhuys hoch=
trabenden Gräcismus gar nicht verdauen. Des alten Hamann's
kindlich erhabene Einfalt umschwebte mich und Hemsterhuys war
mir wie einer, der mich diesem seligen Geiste entreißen wollte
und gegen welchen sich mein empörtes Herz alle Augenblicke zur
Wehr setzte. Mich dünkt, er muß es gemerkt, aber dem Leiden
über den Verlust des Freundes allein zugeschrieben haben, da
ich es nicht lassen konnte, allen andern Unterhaltungen auszu=
weichen, um ihm stets wieder von diesem Freunde zu erzählen.
Ich schloß es auch daher, weil er nach seiner gewöhnlichen Klug=
heit und Größe meine Eitelkeit über die philosophische Würde,
solche Fälle äußerlich zu tragen, aber sehr vergeblich, rege
zu machen suchte, indem er unaufhörlich davon sprach. Dem
guten Manne ahnete gewiß nicht, daß Hamann's (für seines
gleichen) verächtlich scheinender, einfältig hoher Wandel mich über
innere Würde mehr gelehrt hat, als Hemsterhuysens ganzes
Leben und alle seine philosophischen, übrigens schönen Schriften.
Hamann's, den 22. Mai so unnachahmlich ausgesprochener
Spruch Pauli ad Cor., in der Laube, blieb mir immer gegen=
wärtig.

Durch das Gewirre der Geschäfte mit meinen Kindern,
und mich umgebender Gesellschaft, die mir das Aufschreiben un=
möglich machten, habe ich manches herrliche Gefühl der ersten
Tage nach Hamann's Tode aus der Seele verloren, und eine
gewisse still trauernde Harmonie, der letzte Eindruck des seligen
Geistes, entfloh mir nach und nach, hauptsächlich durch Aerger
und allmälig wieder zunehmende Aengstlichkeit über meine Kin=

der. Indessen ist mir doch etwas wichtiges von Hamann's
Geist und Lehren in der Seele geblieben, die Ueberzeugung, die
ich das letzte Mal, da ich ihn in meinem Hause sah, etwa den
10. oder 11. Juni, erlangte, nemlich, daß das Streben nach
einem guten Gewissen, da doch der Mensch nicht wissen soll,
ob er des Hasses oder der Liebe werth sei, ein sehr gefährlicher
Sauerteig in mir wäre, — und die Hauptsache des Glaubens,
das Dulden meiner Nichtigkeit und das völlige Zutrauen in
Gottes Barmherzigkeit sein müßte. Ich fühlte es an diesem
Tage lebhaft, aber erst nach einem langen Kampf gegen Hamann, daß das Wohlgefallen an dem bittern Unwillen über
meine eigne Unvollkommenheit und Schwäche, der versteckteste
und gefährlichste Schlupfwinkel meines Stolzes wäre. Nicht
ohne Kampf und Thränen ließ ich diese letzte Haltung meines
Stolzes fahren, und doch nur im Geiste, bei weitem noch nicht
in der That. Doch — ich habe gesehen — und du, o Gott,
gib mir die Gnade dazu, den Kampf zu vollenden, das heißt,
meine eigne Niedrigkeit zu tragen bis an's Ende mit Geduld!
Amen.

Am Sonnabend den 28. sagte mir Overberg einige in
diesem Betracht für mich sehr passende Dinge, die mich frap-
pirten; ich sagte es ihm aber mit meinem gewöhnlichen Enthusiasmus für das, was mich als schön frappirte, daß es mich so frappirte
und das war, wie ich es weiter unten aus einandersetzen will,
wieder nicht im Geist Christi, und, wenn ich ihn neben diesen
Unvergleichlichen setzen darf, nach dem Wandel Hamann's,
der zu wahrlich demüthig und liebend war, um zu loben.
Er sprach mit mir, um meinen niedergeschlagenen Geist zu heben,
vom Stachel des Fleisches, über welchen sogar ein Paulus klagte

und den Christus ihm nicht nehmen wollte, sagend, er solle sich
mit seiner Gnade begnügen. Ich bemerkte, das wäre Paulus
wohl ein leichtes gewesen, da er der Gnade Christi sicher, einen
so vollkommenen Wandel dargestellt habe und also sein Stachel
nur Stachel für ihn, nie zum Falle gewesen sei. Das sagte
ich aber unbedacht. O. erwiderte mit Recht, seine Freunde
würden ihn wohl oft schwach gesehen haben, der Stachel würde
kein Stachel gewesen sein, hätte er ihn nicht zuweilen zu Falle
gebracht; daß aber überhaupt die Apostel einen vollkommnen
Wandel dargestellt hätten, hätte zur Absicht gehört, die Gott
auf sie hatte, daß sie Bekehrer der Menschen abgeben sollten.
So gehörte es immer zu den Absichten Gottes, daß der eine
Mensch vollkommner erschiene, als der andere, zur Auferbauung u. s. w. Vor Gott aber wäre dieses Erscheinen nur
Mittel zu andern Zwecken, wozu dieser oder jener so erscheinende, so auffallende Mensch Instrument sei, ebenso wie es zu
seinen Absichten gehöre, daß dieser oder jener Gott gleich wohlgefällige Mensch nicht so vollkommen auffalle oder erscheine.

Dieses scheint mir eine wichtige Wahrheit, als welche uns
in die Stimmung setzen müsse, in welcher wir uns stets als
sein Instrument betrachten, Gott in jedem Falle danken
könnten, in welchem wir die heilsame Furcht und Demuth bei
Menschenlob behalten und den Muth in Gott bei Menschentadel
nie verlieren würden.

Das zweite wichtige, was er mir sagte, war, daß der
Grad der Geduld oder Ungeduld über uns selbst, den Grad der
Geduld oder Ungeduld mit andern oft in uns bestimmte.
Wieder eine wichtige Lehre für mich. Ich fühle es oft, daß
ich mich in meinen eignen Augen durch die Strenge gegen

mich selbst wegen der Strenge mit andern rechtfertige, und hatte dabei bisher nur auf die gemeine auch wahre Erfahrung gesehen, daß oft diejenigen, die am nachsichtigsten für sich sind, meistens am strengsten mit andern verfahren.

— —

Am 20. Juni 1788 wurde Hemsterhuys, welcher mit der Harnverhaltung befallen war, von drei Aerzten für so gut als todt angesehen. Mein Schrecken und Zustand dabei war zusammengesetzt. Die Erinnerung aller Verluste des Jahres flossen darin zusammen. Meine eigene Nichtsheit am meisten. So brachte ich den Tag halb erstarrt und tief staunend zu, bis die plötzlichste wunderbarste Revolution eintrat. Eine meiner Hauptqualen mit war der Gedanke, daß ich kein Plätzchen mehr im Hause fände, wo mich nicht ein hypochondrisch machendes Bild verfolgen würde, und die Pferde waren schon bestellt, um zu Fürstenberg nach Geismar zu reisen. Einmal konnte ich sehr tief und wohlthuend beten für Hemsterhuys Heil. Diese in Demuth und Zutrauen versunkene Anbetung stärkte mich mächtig. Hemsterhuys war den Morgen durch schon dem Tode nahe (Hamann starb, wie er lebte, er starb beständig). Hemsterhuys, als ich Morgens um 4 Uhr etwa in seine Stube bleich, zitternd und von Hase unterstützt, trat, begrüßte mich zärtlich. Einmal, da ich an seinem Bette kniete, drückte er mich auf sein Gesicht, umschloß mich zum Erstaunen fest mit seinen Armen und sagte mir mit gebrochener Stimme und vielen Intervallen folgendes: „Comme vous êtes ma chère! A quel bonheur vous êtes destinée! ... und da ich ihm den Schweiß abwischte u. dgl., croyez vous, que je ne connois pas notre amour mutuel...

quel douceur! il n'y a point du malheur, il n'y a que du
bonheur! Dazwischen lächelte er, als ein in Genuß Schwe=
bender, zuweilen schien es mir affectirt — vielleicht um mich zu
beruhigen. NB. er litt auch meistens gar nichts, auch nicht an
Muscularkräften sich aufzurichten. Nur sein Schweiß, sein halb
erkalteter Körper und sein gesunkener Puls zeigten, daß er ster=
bend war. Einmal, als ich ihn fragte: ne sentez-vous aucun
mal? — non hors celui de Socrate aux pieds, mais ce
n'est pas un mal. Seine Füße nemlich waren sehr kalt, doch
wärmten sie sich bei der vielen reizenden Arzenei und insonder=
heit bei den Wein= und Kräuterumschlägen (Fomentationen), die
ich vorgeschlagen hatte. So wie die Zeit der Crisis sich nahte,
schien er beängstigter zu werden, sprach nichts mehr, außer kurze
Antworten auf Fragen, schlummerte oft. NB. présent d'esprit
schien er mir meist immer. Einmal sprach er von einem op=
tischen Phänomen, er beobachtete, wenn er von so einem Schlum=
mer erwachte, daß er alles in Ansehung der Farben verkehrt
sähe. Die Aerzte meinten, er redete irre; ich aber sagte ihnen,
nein, sondern es schien mir dieses eine Folge seines habituellen
Geisteszustandes und so war es. Denn, da er ganz besser war,
wiederholte er die Erzählung dieser Beobachtung mehrmals, auch
war er, da der Stadtrichter seine Willensmeinung aufschrieb,
völlig bei sich, wollte sogar die Füße aus dem Bett thun, um
zu unterschreiben. Am Abend schlief er vier Stunden, von 5
bis 9 und die Nacht wieder 4 bis 5 Stunden so ruhig, wie
er in 14 Tagen nicht natürlich geschlafen hatte.

Sonnabend früh den 6. September 1788 reiste Hemster=
huys ab. Der Abschied rührte mich mehr als sonst. Sein
schwächlicher Zustand, die Ahnung, ich sähe ihn auf dieser Welt

nicht wieder, die jedoch mehr von einem Gedanken, als überlebte
ich das Jahr nicht, der mir, ich weiß nicht wie, seit einiger
Zeit oft aufstößt, herrührt und einen sehr vermischten Zustand
in mir hervorbringt, der halb Verlangen, halb Furcht ist und
vermuthlich dadurch entstand, daß die Ahnung der zu hoffenden
Glückseligkeit in mir lebhafter, wie das Gefühl meiner Unwür=
digkeit desselben geworden ist.

Den 31. October 1788.

Es ist in mir eine erstaunliche Leere, die zum Theil von
Genußlosigkeit herzurühren scheint. — Seitdem ich mich ent=
schlossen habe, nach dem wahren Christenthum zu streben, fallen
so viele Zweige des Lebens fort, die mir vorhin Trost gewährten,
unschuldiger herzerhebender Genuß schienen und die mir jetzt nur
beständige Gelegenheit zum Kampf oder zur Reue anbieten. So
ist es mit dem Genuß der Liebe, insofern mir das Streben
darnach versagt ist, des Ruhms, der Ehre, ja selbst der Gelehr=
samkeit; alles dieses fällt für den wahren Christen fort, und
das erste und letztere insonderheit machte einen sehr großen Theil
meines Genusses aus. Der Christ soll nur gelehrt sein — zu
seinem Zweck, nicht zu seinem Genuß, nicht nach Auswahl
seines Geschmacks. Er soll kein anderes Wohlgefallen suchen
als das Wohlgefallen Christi, sich gar nicht mit Mitteln, der
Menschen ihre Liebe zu gewinnen oder zu erhalten, beschäftigen,
also auch über keinen Verlust derselben klagen oder trauern, nie
seine Ueberlegenheit fühlbar machen, alles von andern dulden
ohne Wiedervergeltung, sich drücken lassen, ohne wieder zu drücken,
dem vollen Ausbruch der menschlichen Liebe sich nicht überlassen,
bei keiner Beschäftigung fragen: was freuet dich? sondern, was

erfüllt am vollkommensten deine Pflicht? Auch klagen ist dem
Christen nicht erlaubt — und mir ist oft so weh, so voll —
mich dünkt so oft, klagen werde mein Herz erleichtern — —.
Sobald sie aber jetzt auszubrechen beginnen, sind sie durch die
Reue erstickt und werden im Grund der Seele mit ihr ver-
mengt, verdüstert. Daher kommt es, ihr lieben Leute, daß ihr
mich herumschleichen seht wie einen Schatten, dürre und bleich —
meine verzerrte Gestalt entfernt euch von mir; ach — und ich
bin doch nicht, die ich scheine, das fühle ich. Mein Herz ist
noch weich und sanft, voll warmer Liebe, es strebt, Genuß zu
verbreiten und einzusaugen, — aber, ich bin wie eine verstimmte
Laute, die, vormals zu heftig berührt, nun mit einem Male
verworfen ist. — Ich war einst (ach, es ist so lange noch nicht)
genußtrunken. — Umgeben von den Besten, die nach meiner
Freundschaft sich sehnten, ward jeder meiner Blicke begierig auf-
gefangen, meinem leisesten Wunsche ward zuvorgekommen. Treue
Dienstboten trugen mich auf den Händen, auf Kindern, in
meiner Einbildung hoffnungsvoll, ruhten meine Blicke und zeigten
mir eine Zukunft — noch weit über das gegenwärtige.
Mein Ruhm war groß, meine Achtung ward als eine große
Ehre gesucht von Jung und Alt, Vornehmen von Talenten und
Geburt — und ich, im Schooß alles dieses Genusses, flog
umher gleich einem Sommervogel, sog den leichten Duft der
Morgenröthe von allen Blumen, ohne an einer besonders zu
hangen als an der Liebe, der ewigen Leiterin meines Schicksals
von Kindheit auf. So lebte ich wonnetrunken in Selbst-
zufriedenheit glückliche Tage hindurch. Meine Wißbegierde be-
friedigte ich nach Wunsch und mit einer Leichtigkeit, die mich
keine Schranken mehr erblicken ließ. Meine Einbildungskraft,

gefüllt mit der Blüthe griechischer und römischer Jugend, öffnete sich für alles Schöne und sog es mit Enthusiasmus in sich. Ich kannte nun keine Schranken mehr, weder im Genuß noch in den Wissenschaften, und strebte nur beständig lechzend nach **mehr.** Der wahre einzige Gegenstand für mein Herz, welches sich in meiner stets sich mit Schönheit füllenden Einbildungskraft tiefer bildete und mir zum Bedürfniß ward, allein war noch nicht gefunden. Es war noch im Grund meiner Seele ein Schatz von Enthusiasmus und warmer Liebe, welcher unbenutzt dort liegen blieb, und ich sehnte mich nach mehr Einsamkeit. Auch dieses ward mir. Beides fand ich wenigstens zum Theil zu Münster und bald darauf das Grab aller meiner Freuden. Ich vergötterte den Gegenstand meiner Liebe so sehr, als ich selbst bisher vergöttert worden war, und in diesem Zustand zeigte sich mir Christus, und mit ihm, daß meine und der Anderen Größe und Wonne Rauch und Koth waren. Alles, woran ich gehangen hatte, mußte ich hassen, mir selbst entsagen und mein Kreuz auf mich nehmen. — Lieben, ja, das könne und solle ich — aber auf eine Art, die Haß zuzuziehen pflegt, oder doch wenigstens gewiß hier, ach, ich muß es wohl glauben, nicht Gegenliebe erregt; das habe ich erfahren, und was hilft's mir Einsamen, daß ich allein anders denke? Anstatt des Ruhmes mußte ich Demüthigungen und anstatt jedes Lohns meiner Leiden um Liebe willen Mißkennung, Verachtung, Verlassung auf mich nehmen, anstatt des Selbstgenusses erkennen, daß ich nichts bin.

In dieser Collision zwischen verjährter Genußgewohnheit, Ideal von Größe und Schönheit, und dem neuen so entgegen= gesetzten Ideal, das Christus mir aufdrang, zwischen gewohnten Trieben nach Genuß und dem Streben des obern Willens nach dem entgegengesetzten zerrüttete mein Inneres sowohl als meine Gesundheit. Das Kreuz, das Christus mich tragen hieß, zeigte sich bald und um so schwerer, als ich mehr war getragen worden auf Flügeln der Liebe und Schmerz aller Art, Verlassung, Demüthigungen, harte Arbeit ohne Ernte, Verachtung, Vergessenheit, Genußlosigkeit und dabei beständige Leiden des Körpers und fühlbare Verminderung meiner eignen Liebenswürdigkeit in der Schwächung aller meiner Kräfte, Hülflosigkeit im Erziehungsgeschäft, anstatt daß sich vorher mir alles zur Hülfe aufdrang, eintraten. — Doch, könnte ich dich nur fest halten, Christus, du, mein Heil! wie weit wäre ich entschädigt! — aber das zu hohe Ideal, das mich zuweilen begeistert, entwischt mir mehrentheils — und ich sitze und härme mich ab zwischen unauslöschlicher Begierde nach dir und dem trostlosen Gefühl, daß ich dich nicht fest halten kann! Bist du die Liebe, o, so verlaß mich nicht in diesem grundlosen Elend. Ziehe mich zu dir, da du es zuließest, daß ich von dir begeistert dich erkannte und über Alles liebte. Ach, ich habe sie genossen die Stunden der Christusbegeisterung, wie verschieden von jeder menschlichen! in ihm ist jede Bürde leicht, jedes Leiden Genuß, und jeder Genuß reine Himmelsahnung, es ist keine Furcht des Aufhörens, beständiges sicheres Gefühl von Dauer und Zuwachs in Ewigkeit. Ach, welche herrliche Lage wäre — ja grade die meinige, wieviel, wie beständige Gelegenheit zu der hohen Christenfreude, durch Leiden und Selbstverleugnung der Liebe! O Christus, Christus, nur einen Strahl deines Lichts, nur einige Stärkung durch deine Kraft, daß ich mächtig werde, mich zu diesen Freuden hinaufzuschwingen!

Den 11. März 1789.

Hamann's Andenken bringt in meine Seele immer am leichtesten Fülle und Unbefangenheit, wenn sie leer oder verstrickt ist.

Den 12. März.

Ich collationirte Hamann's Schriften über das alte Testament, wobei die Stunden gleich Minuten entflohen, ein Commentar voll herrlicher Aus- und Einsichten! O lieber Seliger, welche Quelle des Genusses und Segens bist du mir schon geworden! O gewiß, Gott hat dich in das Reich aufgenommen, mit dessen Stegen du so bewandert warest und denen du so treulich nachspürtest und nachwandeltest. Ora pro nobis.

Den 4. Juni.

Als ich heute erwachte, reflectirte ich über eine Erfahrung, die ich in den letzten Zeiten (seitdem ich so zu sagen aus lauter Geschäftigkeit den Tag über so gar keine innere Recollectionszeit mehr habe, als die Gewohnheit mich während der Geschäfte so viel und so oft als möglich im Gefühl des höheren Zwecks in der Gegenwart und Ergebenheit in Gott zu erhalten und um seine Hülfe zu seufzen) so häufig gemacht habe. Ich bin es so gewohnt, oft in's Innere zu kehren und insonderheit Abends auf den Weg zurückzusehen, den ich abgemacht, daß es mir vorkommt, als wollte die Seele, wenn sie daran verhindert wird, sich von selbst schadlos zu halten suchen. Ich habe jetzt beinahe täglich im Traume die hellsten Erscheinungen der Zustände des Tages. Dort sah ich oft durch Wolken hindurch, die ich in den kurzen Zwischenstunden des Tages vergeblich durchzudringen suche, sehe dann ganz hell, wo der Knoten liegt, meine Fehler, die Mittel, auch Beruhigung der unbestimmten dunkeln Angst für größere Schuld, die mich bei widrigem Erfolg immer zu verfolgen pflegt und empfinde dann gewöhnlich, als wachte ich, einen unsäglichen Frieden in der hellen Anschauung ungezweifelter Wahrheit über alles, was im Tage mich im Dunkel läßt. Ich erwache und mein Erwachen ist Freude, Fortsetzung desselben Zustandes, bis etwa ein Gepolter im Hause oder in der Stube (welches nie ausbleibt) entsteht und den Faden kurz abbricht. Dann ist mit einmal der ganze Zustand verschwunden, nur hie und da bleibt ein abgerissener Fetzen davon in der Seele zurück, ohne Zusammenhang mit dem übrigen und diese einzelnen Ueberbleibsel sind dann gewöhnlich nur einzelne dumme Streiche und Fehler, die ich begangen habe. Indessen bleibt das Phänomen doch nicht ganz fruchtlos, denn der Eindruck des ganzen Zustandes ist mir durch die viele Wiederholung zu hell als daß mir nicht wenigstens eine tröstliche Wahrheit zurückblieb, daß die oft unbestimmte Angst meines Gewissens wenigstens, oft wegen der Verwirrung und Ueberladung des Tages exagerirt und eine Folge hypochondrischer Krämpfe sein müsse, daß ich unmöglich, ungeachtet meiner Fehler und Schwachheiten, bei einem guten Willen, einer zutraulichen unermüdeten Entschlossenheit zu streben und dem Bewußtsein, daß ich, wenn ich in meinen Wegen irre, wenigstens nicht gleißne, da ich gerade diejenigen gehen zu müssen glaube, die mir die widerlichsten und leidenreichsten sind, mir die Schuld alles Uebels an meinen Kindern zurechnen dürfe.

December 1790.

Den Zweck, um welchen allein ich mich so zu sagen noth=
gedrungen entschließen mußte, nach Düsseldorf zu reisen, nemlich
durch neue Ideen und gänzliche Entfernung aller alten einer
gänzlichen Zerrüttung meines Kopfs zu entgehen, erreichte ich
in den drei ersten Tagen dieses Monats zu Düsseldorf, wo ich
lauter metaphysische oder politische Gespräche hörte, so sehr, daß
ich meinen Kopf wie erneuert fühlte, nur daß ich zufälligerweise
durch Vorwürfe, die ich mir den letzten Abend von Jacobi durch
eine ängstliche und mißtrauisch scheinende im Grunde eitle Bitte,
die modest sein sollte und doch eine Frucht meiner noch so oft
unruhigen Eigenliebe war — „er möchte doch fortfahren
mich zu ertragen", - zuzog, mir die letzte Nacht und den
Reisetag den Kopf wieder so zerrüttete, daß ich in diesem Zeit=
raume die erhaltene Frucht zum Theil wieder verlor.   Die Vor=
würfe, die Jacobi mir' machte und die darin bestanden, daß ich
diesmal meine Naivität mehr als jemals verloren zu haben
schiene — genirte, weil ich genirt aussähe — viel zu ängstlich
wäre in meinem Thun — nicht tout à la main und unbe=
kümmert ganz meinen Principien folgte   und daß er endlich
(da ich ihm sagte, ein gewisses Pflichtgefühl mehr auf mich Acht
zu geben, um meine Absichten zu reinigen, möge wohl diese
Erscheinung hervorbringen) aufhörte, mir Hamann und Claudius
als Modelle wahren Christenthums darzustellen — waren mir
nun so empfindlicher, je unerwarteter sie mir waren.   Denn
außer, daß ich (wie ich's ihm selbst sagte, aus der innern Ueber=
zeugung, daß ich ihn nicht amusiren könne) vermied, zu ihm zu
gehen, wenn er allein war, welches ich aus Mitgefühl that,
weil es mir so ein Bedürfniß ist, wenigstens etwas Einsamkeit

täglich zu genießen, hatte **ich** mich wirklich im Grund der Seele
in vielen Jahren so frei nicht in Düsseldorf gefühlt und so
ruhige angenehme Tage da zugebracht als gerade diesmal ohne
die großen Kinder, deren Gegenwart mich wegen der Tadelsucht
dieser Familie immer in Verlegenheit gesetzt hatte, vielleicht auch
weil ich mit mir selbst in Ansehung meines innern Religions=
zustandes besonders zufrieden mit mir selbst während meines
Daseins gewesen war, indem ich große Versuchungen, freilich
falscher Schaam und eines andern approbirte Beispiele in
Fürstenbergs Person überwunden hatte, um die Schmach eines
öffentlichen Christenthums auf mich zu nehmen. Ich hatte es
zwar als eine bloße Gnade Gottes angesehen, aber doch ein ge=
wisses Wohlgefallen daran gespürt, daß ich mich hatte entschließen
können, dort neben Fürstenberg, der es nicht that, zu communi=
ciren, das Kreuz öffentlich besonders vor N., dessen bittern Hohn
ich wegen seines Zusammenhangs mit Jacobi und dem Prinzen
besonders fürchte, vor und nach Tisch zu machen und zu beten
und überhaupt Gott sehr vor Augen gehabt hatte. Jacobi's
Anmerkungen über meine ängstliche Religion machten auch mit
diesem Wohlgefallen einen gewissen für meine Eigenliebe be=
schwerlichen Contrast, der sich während einer schlaflosen Nacht
zu einem der schwärzesten Zustände bildete, Angst, durch ein
Aeußeres, was mir doch so viele Ueberwindung gekostet, nichts
gewonnen zu haben, als daß ich die Religion andern verächtlich
oder gehäßig gemacht, unwillkührlicher Gram über die uner=
wartete Versicherung, Jacobi's Wohlgefallen verloren zu haben
um eine Ursache, die ich nicht ändern durfte noch wollte und
die, obschon ich sie in dieser Absicht fest genug als Pflicht fühlte,
mich doch diese Nacht als solche nicht trösten wollte. Widerwille

und Groll gegen Fürstenberg, von welchem Jacobi mir paral-
lelerweise gesagt hatte, daß er diesen liebenswürdiger als jemals
gefunden. Fürstenberg und Jacobi hatten meinen Religions-
und Freundschaftsprincipien entgegen, sich gegenseitigen Weihrauch
gegeben, indessen ich ihnen hie und da meinem Drange nach
die Wahrheit sagte. Dies alles nebst dem Widerstand meiner
Seele dagegen ermüdete meinen Kopf so sehr, daß ich zuletzt in
den fatalsten der Zweifel, in den Zweifel, ob ich nicht wirklich
bloß aus Schwachheit und gesunkenem Verstande eine wirkliche
thörigte Betschwester geworden und dadurch all mein wahres
Gute, was doch das, was mich solchen Leuten, wie Fürstenberg
und Jacobi liebenswürdig gemacht hat, sein mußte und wenigstens
das nicht sein könnte, was mich ihnen jetzt unangenehm machte.
Fiel mir noch bei, Verachtung und Verlassung wäre das wahre
Zeichen der Jüngerschaft Christi, so schien es mir neuer Beweis
von Schwachheit und Eitelkeit, daß ich mir das zum Trost über
den Verlust aller meiner wahren Vorzüge sagte.

Auf einem andern Blatte vom 3. Dezember 1790 schreibt die
Fürstin:

Auch darin that die Reise mir sehr wohl, daß ich wieder
einmal recht anschaulich sehe, mit welchem Schattenspiel die
größten gegen den bloß thierischen Genuß sich so verächtlich
äußernden Geister es zu thun haben, wie sie doch meistens nur
darin Genuß von einander erwarten und suchen, daß sie Ehre
von einander nehmen, sich einer dem andern so zu sagen als
Virtuosen hören lassen, wie ungeduldig jeder Zwischenraum getragen wird im Hören. — Fürstenberg vergleichungsweise bei

Jacobi besser. — Jacobi sieht nur, was in seine Ideen paßt, nimmt sich nicht genug Mühe, das andere zu untersuchen.

Gestern Abend fand ich Gelegenheit, ihm meine religiösen Grundbegriffe und die Entstehungsart derselben mitzutheilen und hatten beide eine große Freude zu sehen, daß er grade in dem Wege und beinahe an dem Punkt steht, wo das Versuchen Bedürfniß wird. Ich sah zugleich, daß ein Grund, warum wir bis jetzt uns hierüber nicht verstehen konnten, der ganz diametralisch entgegengesetzte Sinn war, in welchem wir das Wort Glückseligkeit nahmen. — Morgens 9 Uhr. So eben hatten wir, er und ich allein, wieder eine sehr fruchtbare Unterhaltung, die Religion betreffend. Ach daß Gott ihm sende seinen heiligen Geist!

Den 6. März 1791.

Am vierten Tage in Hamburg fiel mir auf, daß es oft schwerer sei, ohne Gottes Beleidigung Nichtsthun, Zerstreuungen zu tragen, als Arbeit. Doch schützte mich Gottes Güte so sehr, daß ich Ihn und Ihn vorzüglich überall wieder fand, ja nirgends eifriger zu Ihm zu beten, mich mit Ihm zu beschäftigen, innerlich gezogen war, als da, wo ich sonst am meisten seiner zu vergessen pflegte, in der Comödie, die mir meistens äußerst ekelhaft war, in Rücksicht auf die Gesinnungen des einen Theils und des Verderbens des andern Theils des Publikums, das ich darin schmerzlich fühlte.

Die Zeiten hingegen, die wir bei Claudius zubrachten, waren wahre Erbauungsstunden für mich, indem ich nie Gott und das wahre Christenthum lebendiger wirksam fühlte, als in dieser mir durchaus und ohne die geringste Verlegenheit wohl-

thuenden Familie, welche daher auch wenig, oder gar keine eitle
Versuchungen in mir rege machten, indem Claudius darin völlig
wie ich dachte und besser als ich darnach handelt,

> dass wir Menschen alle arme Sünder sind, deren
> Liebe unter einander nicht anders als in Gott Genuss
> sein und Dauer erhalten und sich durch gegenseitiges
> Abhelfen von unsern Fehlern thätig beweisen kann
> und muss.

Auch schickte mir Gott nebst der Gnade, daß ich nirgends
versucht war, seinen Sohn zu verleugnen (obgleich wir es leider
überall selbst bei unsern catholischen Geistlichen als den Mode=
ton antrafen) Gelegenheiten Gutes zu thun und die Gnade sie
nicht unbenutzt zu lassen.

Der große und auf meine Gesundheit mit am wohlthätig=
sten wirkende Genuß aber der ganzen Reise war das wachsende
Gefühl unserer gegenseitigen Einigkeit und Innigkeit in
Gott und durch dieses die volle Ueberzeugung, daß also Gott
uns dieses große Kleinod, diese seltne edle Perle einer wahren
Liebe, einer ewigen Approximation und in ihr Ahnung und
Pfand einer ewigen Vereinigung und Seligkeit in Gott in vollem
Maaße verleiht.

Juli 1791.

Einige Tage von Stolberg's*) Gegenwart gewährten meiner
kindischen Seele kindische Erholung im Genuß der Zuneigung
dieser Menschen zu mir, und Freude, einen ächten Christen in
einem Menschen voll Einflusses zu sehen. Nach deren Abreise

---

*) Graf Friedrich Leopold Stolberg war mit seiner Gemahlin auf
einer Reise nach Italien begriffen.

reizte das ewige Einerlei der Disharmonie mit K. und W. mich
so sehr, daß ich wegen des habituellen Tons exagerirter Be=
schuldigungen und Reprochen, in den ich wider Willen verfiel,
nicht das Herz hatte, mit meinen Kindern zu speisen. Mitri's
verhoffter Vortheil, doch nicht ganz mit reinem Gewissen in
Rücksicht auf Mimi, und eine heimliche Lust, den kindischen
Trost von Stolberg's Zuneigung noch einmal zu genießen,
führten mich mit Fürstenberg nach Düsseldorf, nachdem ich meiner
Lust allein eine Zeitlang widerstanden hatte. Gott, der aber
mehr auf mein tiefes inneres Verlangen und Gebet, als auf
meine schwächere Oberfläche sieht und mir alles Kreuz, was ich
zu meiner anfänglichen Entkleidung schon ausgestanden habe,
nicht will verlieren lassen, ließ weder zu, daß meine gute Ab=
sichten für Mitri, noch, daß meine kindische Absicht, Stolberg's
Liebe zu genießen und zu vermehren reussirte. Ich ging mit
vielen Anfechtungen von Aerger und Scharfrichterei gegen Fürsten=
berg, der durch Brilliren, wie mir schien, seinen vorgeblichen
und meinen wirklichen Zweck, Stolberg und Jacobi noch recht
zu hören, vereitelt hatte und mit dem demüthigenden Gefühl,
die mir zu Münster bezeigte Neigung durch nähere Bekanntschaft
unter unvortheilhafteren Umständen, wo mich meine Hypochondrie
sehr anfiel, vermindert zu haben.

*) Fragment vor einer Gewissenserforschung vom 27. August 1786.

— Ich zweifelte an der Existenz Gottes, an der Un=
sterblichkeit meiner Seele. In einem solchen gräßlichen Zustande

—————
*) Unvollständig in Katerkamp's Denkwürdigkeiten aus dem Leben
der Fürstin. S. 131.

48

habe ich jedoch mit einigen wenigen Zwischenräumen etliche Jahre
zugebracht, während welcher ich meine mütterlichen Pflichten mit
einem Eifer betrieb, der einer beständigen Art von Wuth ähn=
lich sah, weil ich dabei unüberwindlich, reizbar, zornig und oft
ungerecht bitter mit meinen Kindern umging, gleichsam als
wollte ich an ihnen eine Vollkommenheit erzwingen, deren
Mangel mir so bitteres Leiden verursachte, so daß ich durch
beständige Ursachen von Neue der Muthlosigkeit immer näher
kam. Die einzige Beschäftigung, die mich in diesem betrübten
Zeitraum noch einigermaßen hob, war andere Hypochondre oder
Betrübte zu trösten und zu heilen. Wenn ich einen solchen
antraf, war ich so voll Muths und Trostes für ihn, daß man
nie hätte meinen sollen, daß ich unter den Trost=Bedürftigen
die Bedürftigste war. Hiezu kam auch noch, daß ich die Zeit
sich nähern sah, wo meine Kinder Religionsunterricht bedürfen
würden. Ihnen meinen Unglauben mitzutheilen, das erlaubte
mir mein Gewissen nicht und sie ohne eigenen Glauben zu
belehren, auch nicht, ich nahm mir also in dieser Verlegenheit
vor, ihnen mit größtmöglicher Treue und Fleiß alle Religions=
geschichten im Alter der Vernunft, wie andere Geschichten zu
lehren und sie ihrem eigenen Gewissen in der Wahl ihres
Glaubens zu überlassen, sie dabei aber mit größter Sorge in
der Unwissenheit über meinen Glauben zu lassen. Zu diesem
Zweck mußte ich nothwendig bei einem nähern Studium der
Bibel anfangen. Dies that ich mit ganzem Ernst. Mein
Unglaube blieb, er beruhte auf derselben Ursache, ward aber
von dem ganzen Zusammenhang, insonderheit aber von dem
Evangelium der Liebe, das so ganz die empfindlichsten Seiten
meines Herzens berührte, sehr gerührt. Es tröstete mich so oft

in meinem wild hypochondrischen Zustande, in welchem mir
jede Stütze entwichen war, daß ich endlich (zu verlieren hatte
ich nichts, zu gewinnen vieles) mir vornahm, dem rührenden
Rath Christi: Daß wir versuchen sollen, seine Lehren
treu zu befolgen, um es zu **erfahren,** daß sie göttlich
seien, wirklich zu folgen, mir vorsetzte zu handeln, als wenn
ich wirklich an Ihn glaubte. Ich fing also dabei an, meine
Grundsätze und Handlungen mit seinen Lehren zu vergleichen:
wie vieles fand ich zu verändern, was ich bisher kaum als
einen Fehler bemerkt hatte. Ich fand mich ganz im Splitter=
richten wieder. Denn so lebhaft ich alles Gute und Schöne
empfinde, so und vermuthlich noch lebhafter fiel mir jeder Fleck
in meinem Nebenmenschen auf. Dieses behielt ich aber nicht
allein für mich, sondern ermangelte selten, mein scharfes Auge
meinen Freunden mitzutheilen und sie dadurch zur Splitter=
richterei zu verführen. Ich nahm mir also gleich vor, meine
Bemerkungen nicht mehr ohne Noth mitzutheilen. Mein Grund=
satz über die schlechten Mittel zu guten Zwecken fiel hier von
selbst bei der erhabenen wahrhaften Lehre: Wenn du ein Weib
ansiehst &c. Ich schämte mich, bei der Vergleichung meiner
eingeschränktern Liebe mit der allgemeinen und doch auch be=
sondern hohen edlen Liebe Christi: Es ist nicht genug, daß
du die liebest, die dir wohlthun, das thun auch die
Zöllner; auch deine Feinde sollst du segnen und lieben."
Bisher hatte ich mich begnügt, ihnen wohlzuthun, wenn ich konnte,
aber sie desto freier im Herzen zu hassen, ohne mich zu ent=
halten, diesen Haß meinen Freunden mitzutheilen. Ja, ich
zweifelte wohl gar an ihrer Liebe, wenn sie ihn nicht heftig
genug theilten. „Sei sanftmüthig von ganzem Herzen,

4

gleichwie ich," wie fühlte ich bei diesem Grundsatze mein
bitteres Aufbrausen gegen Kinder und Freunde, wenn sie der
Vollkommenheit nicht entsprachen, die ich in ihnen suchte und mit
Gewalt in ihnen finden wollte, ohne ihnen selbst darin vorzu=
gehen. Auch fiel mir nach und nach meine Unwahrhaftigkeit
auf gegen die rührende Einfalt Christi, die sich durchgehends
im Evangelium*) zeigte. Gebetet hatte ich selten; nun fing ich
an, öfterer zu beten und ward so oft erhört, daß ich an der
Kraft des Gebets nicht mehr zweifelte. Manche Zweifel gegen
das Christenthum löseten sich nach und nach auf. Noch entdeckte
ich nach meiner großen Krankheit, daß meine Art zu lieben,
darum Christi Liebe noch so wenig entspräche, weil ich Liebe
mehr als Zweck, nemlich als die letzte Glückseligkeit meines
ihrer bedürftigen Herzens, mehr als Genuß, als wie Mittel zu
höherer Vollkommenheit nach und nach zu betrachten mich ge=
wöhnt hatte. Dem Stolz hatte ich schon völlig, soviel an mir
war, entsagt, und mit ihm allem eitlen Studium, das nicht
Verbesserung meiner und meiner Kinder zum Zweck hatte. Nun
entsagte ich auch wenigstens, soviel es an mir lag, der Liebe
als Zweck betrachtet; ich calculirte weniger auf das, was ich
empfing, als auf das, was ich gab und ward immer ruhiger.

**) Fragment vom 6. Mai 1789.

Als ich den Versuch wagte, mit 24 Jahren meine noch
nie versuchten Kräfte aufzubieten und in völliger Unwissenheit

*) In den Denkwürdigkeiten „in Fürstenberg".
**) Mit Auslassungen und theilweise verändert in den Denkwürdigkeiten
S. 127 bis 130. 140.

aller Dinge eine Bahn zu betreten, deren Ziel nichts weniger
als die zur Belehrung und Erziehung meiner Kinder nöthigen
Einsichten war, glaubte ich mich nur muthig, ward aber bald
stolz,*) denn ich rechnete bald auf eigne Kräfte, da Gott,
der mit meiner Unwissenheit vermuthlich Mitleiden hatte, mir
alles, was ich unternahm, so gut gelingen ließ. Dadurch vermehrte sich das Vertrauen auf eigne Kräfte, mein Muth wuchs,
wie mein Stolz mit dem Erfolg. Ehrgeiz gesellte sich bald
hinzu, und dieser mit der Liebe zu meinen Kindern verbunden
brachten mich zu der Art unerschütterlicher Festigkeit oder Hart-
näckigkeit gegen alle Hindernisse, die sich mir auf der immer
rauhern Bahn darboten und die mich dem übertriebensten Beifall und dem gefährlichen Ruhm von Größe, erhaben, Genie
u. dgl. von den zu schmeichelhaften Seiten der berühmtesten
Menschen, hülflos, da ich ohne Religion war, bloß stellten. Daß
ich stolz und ehrgeizig war, merkte ich um so später, weil ich
überaus vergnügt in der Einsamkeit stets alle äußerliche Auf-
tritte scheute, weil mir Hemsterhuysen's auffallender Stolz, seine
übertriebene Schätzung meines Werths immer fatal auffielen,
und endlich weil Liebe dabei so auffallend die Haupttriebfeder
meiner Handlungen und Wünsche und der entscheidende Richter
in der Wahl meines Genusses mir schien, daß ich einen Tag
freundschaftlicher Vertraulichkeit der eclatantesten Ehre schwerlich
aufgeopfert hätte. Die allmälige Verminderung der Leichtigkeit
im Fortgang meiner sich grenzenlos ausdehnenden Wißbegierde,

---

*) Vorher war ich es, soviel ich weiß, nicht. Verfolgungen in der
Jugend hatten mir so viel Mißtrauen in mich selbst eingeflößt, daß Liebe
mir nicht wohl Tribut meines Verdienstes scheinen konnte und mir immer
große Dankbarkeit einflößte.

da ich durch Erschöpfung mißbrauchter Kräfte kränklich ward,
war der Anfang, der mich über mich selbst erleuchtete. Da ich
nun immer mehr Zeit bedurfte, um weniger zu thun, fing ich
an unwillig von meinen Büchern ab, zu den sonst mir ange=
nehmsten Stunden der Belehrung meiner Kinder zu gehen.
Jede neue Wissenschaft, jede Sprache oder jedes Buch, von
welchem ich reden hörte, zu welchem Fache es auch gehörte,
hinterließ mir nicht, wie sonst, einen bloßen Trieb, sondern
einen wahren hypochondrischen Schmerz, einen nagenden Wurm
über meine Kränklichkeit, die sich mir nur immer als Hinderniß,
meine unbegrenzte Wißbegierde befriedigen zu können, darstellte.
Ich gerieth darüber in solches Gedränge, daß ich in den Tagen
besserer Gesundheit mit Wuth studirte, dann bald wieder desto
kränker ward, endlich in fortdauernde Hypochondrie verfiel und
beinahe keinen gesunden Tag bis zur Epoche meiner gefährlichen
Krankheit mehr kannte. Nach dieser erfolgten einige Monate
gezwungener Unthätigkeit, während welcher die Erinnerung der
mir unvergeßlichen Seligkeit, die ich am Rande des Todes im
alleinigen Gefühl einer gewissen unbeschreiblichen Nähe Gottes,
die mein Bedürfniß nach ihm vermehrte, genossen hatte, und
die ununterbrochen durch kein Geschäft gestörte Uebersicht (denn
mit meinen Kindern durfte ich mich noch nicht beschäftigen)
meines bisherigen Zustandes mir ein Licht aufgehen ließ. Mit
einem wohlthätigen Schrecken erblickte ich zum ersten Male, wie
nach und nach Ehrgeiz und Stolz sich meiner Seele bemächtigt
hatten. Mit dieser Entdeckung war alle meine bisherige Freude
an mir selbst dahin. Der Muth allein blieb. Mein erstes
war der Vorsatz, auf alle fernere Gelehrsamkeit Verzicht zu thun,
um mich einzig den Studien zu ergeben, die das Bedürfniß

meiner Kinder in jedem Zeitpunkte erfordern werde. Es dauerte
eine Weile, ehe ich mich dahin brachte, ruhig meine unbenutzten
Bücher, meine unvollendeten Schriften liegen zu sehen, ruhig
meinen gelehrten Freunden überall zu sagen: das weiß ich
nicht, das habe ich nicht gelesen u. s. w. Doch brachte
ich's insonderheit, als Christenthum mir immer dringenderes
Bedürfniß ward, endlich dahin und noch weiter, als ich's je=
mals gehofft hätte. Gelehrsamkeit und Prätension darauf ward
mir verhaßt und: „ich weiß nicht" meine liebste Antwort, einige
Rückfälle aus alter Gewohnheit ausgenommen. Nun meinte ich
den Stolz und den Ehrgeiz desto sicherer besiegt, da ich auf
Reisen in Gelegenheiten mich darüber zu prüfen bestand. (Göthe.*)

*) Die Fürstin war mit Fürstenberg, Hemsterhuys, Sprickmann und
ihren zwei Kindern im September 1785 in Weimar.

Göthe schreibt über die Fürstin, Fürstenberg und Hemsterhuys an Frau
von Stein unterm 20. September 1785:

„Es sind interessante Menschen und wunderbar sie miteinander
zu sehen."

und unterm 1. October 1785:

„Es sind wirklich vorzügliche Menschen."

Briefe an Frau von Stein Th. 3 S. 186. 191.

Caroline Herder schreibt aus Weimar an J. G. Müller unterm
14. October 1785:

„Ein Weib von dem festen Charakter (wie die Fürstin Gallitzin)
habe ich noch nicht gesehen, und dann blickt in ihren dunkelblauen
feurigen Augen so viele Liebe wieder, daß wir sie recht lieb ge=
wonnen haben. Ihre Kinder haben eine zarte Geschwisterseele
gegen einander und ein so unschuldig treuherziges Wesen gegen
Andere. Fürstenberg ist ein sehr verständiger Mann, ein fröhlicher
Weltmann und ein heiterer Philosoph. Hemsterhuys weiß unsäg=
lich viel und ist ein so zarter, jungfräulich alter Jüngling, daß
wir sammt und sonders ihn in Affection genommen haben. Sprick=
mann ist eine treue deutsche Biederseele. Sie sind acht Tage hier

der einzige der berühmten Männer, der mich als Mensch war=
lich begeistert und mein Herz berührt hatte, gab mir den schmei=
chelhaftesten Anlaß, in Correspondenz mit ihm zu treten, indem
er mir nach meiner Rückkehr schrieb, ich allein hätte den Schlüssel
seines lange verschlossenen Herzens gefunden, mir möchte er sich
ganz öffnen, nach meinem gegenseitigen Vertrauen verlange ihn.*)
Einen ganzen Winter blieb ich im Kampf, solle ich, solle ich
nicht. Aber da ich keinen wahrscheinlichen Nutzen, Zeitaufwand
und vielleicht zuviel Beschäftigung für mein Herz darin muth=
maßte, konnte ich mich zu keiner Antwort entschließen. Kurz
vorher hatte Lavater mir zweimal geschrieben und denselbigen
Anlaß zu einer Verbindung angeboten. Diese unbeantwortet zu
lassen kostete mich nicht einmal einen Kampf, und Herdern, der
auch nachher an mich schrieb, dessen Berühmtheit aber meinem
Herzen gar nichts anbot, zu antworten, fühlte ich, so zu sagen,
einen unüberwindlichen Widerwillen. Diese Erfahrungen be=
ruhigten mich ungeachtet der fortdauernden augenblicklichen Ver=
suchungen über das, was man Zustand der Seele nennen kann,
aber nun fing ich an, ein besonderes Wohlgefallen an meiner

---

gewesen und haben den guten Eindruck bei uns zurückgelassen: es
sind gute edle Menschen."

Gelzer's protest. Monatsblätter Bd. 14 S. 110.

*) Hiedurch wird Schiller's Urtheil über Göthe bestätigt, wenn er
unterm 5. Februar 1789 schreibt:

„Göthe ist noch gegen keinen Menschen, soviel ich weiß, sehe
und gehört habe, zur Ergießung gekommen — er hat sich durch
seinen Geist und tausend Verbindlichkeiten Freunde, Verehrer und
Vergötterung erworben, aber sich selbst hat er immer behalten, sich
selbst hat er nie gegeben."

f. Schiller und Lotte S. 237.

Ehrgeizlosigkeit und an der Verachtung der Gelehrsamkeit zu haben. Da mir aber nun das Christenthum zur Seite stand, ließ mir dieses es nicht lange unbemerkt, daß auch das nichts taugte. Endlich kam Hamann und zeigte mir den Himmel wahrer Demuth und Ergebenheit Kindersinn gegen Gott. Dieser begeisterte mich über alles, was ich bis dahin gesehen hatte, für die Religion Christi, indem er mir das Bild ihrer wahren Anhänger von der erhabensten Seite lebendig an sich wahrnehmen ließ. Ihm allein bis dorthin war es gegeben, mir die schwerste Kruste von den Augen zu reißen — er allein sah auch darin eine Kruste. Alle übrigen Freunde, Fürstenberg nicht ausgenommen, hatten bisher meinen starken Vervollkomm= nungstrieb als das liebenswürdigste, ja als etwas bewunders= würdig schönes an mir betrachtet. Weit entfernt also, selbst darin etwas böses zu sehen, war dieses beständige Gefühl ein Ruhkissen in drohender Muthlosigkeit für mich. Hamann aber sah darin Stolz und sagte es mir. Die Haut riß er mir mit dieser Erklärung von den Knochen, mich dünkte, man raubte mir Lahmen eine einzige Krücke, aber ich liebte und ehrte ihn zu tief, um seine Erklärung nicht in meine Seele aufzunehmen. Ja, ich liebte ihn mehr als jemals für diese väterliche Härte, wälzte daher die Sache ernsthaft in meiner Seele und befand sie wahr. Nach dieser Zeit ward unser Umgang immer ver= traulicher, und siehe, ich verlor ihn mitten im besten Genuß dieser Vertraulichkeit, diesen ersten wahren Vater, der mich liebte, wie noch keiner mich geliebt hatte. Aber zum Glück verlor ich ihn den Tag vor seiner Abreise, da er mir ohnehin für immer entrissen werden sollte, und ich glaube, er betet dort wirksamer für uns, als er's zu Königsberg hätte thun können.

Nach seinem Tode ging eine wunderbare Veränderung oder viel=
mehr die Fortsetzung der Veränderung in mir vor, die sein
Umgang schon bei seinem Leben in mir angefangen hatte. Bis=
her hatten die Leidenschaften, bald mehrere auf einmal, bald
eine nur mit Abwechselung der Art in meiner Seele gebrauset
und sie in anhaltender Unruhe erhalten. Die letzte herrschende
war Vervollkommnungssucht für mich, meine Kinder und Freunde.
(Die Sorge für das künftige Schicksal meiner Kinder hatte sich
schon seit der Annahme der katholischen Religion völlig gelegt).
Jetzt ward mir ungefähr so zu Muthe, wie wenn man aus
einem dauerhaften großen Lärmen mit einmal in eine totale
Stille geräth. Unter allen Abwechselungen von Scenen, die
auf Hamann's Tod folgten, — Ankunft des Prinzen, Hemster=
huys Reise nach Düsseldorf, wo wir allerlei berühmte Men=
schen fanden und in einem Strudel von Reizungen zur Eitelkeit
u. dgl. lebten, Hemsterhuys Todesgefahr, meine darauf folgende
Krankheit - blieb meine Seele nie gleichgültig, aber doch
stille. Ein gewisser von Hamann abgezogener, aber verhimm=
lischter Geist des Christen schwebte mir so habituell vor Augen,
daß es mir bei jedem Anlaß zur Aergerniß, Gram, Empfind=
lichkeit, Betriebsamkeit, Reizbarkeit u. s. w. immer zu Muthe
ward, als sagte ich zu diesen Anlassen: chut chut — störet
mich nicht von meiner Achtsamkeit auf dieses Bessere.*)

*) Die Fortsetzung in den Denkwürdigkeiten S. 141.

Briefe.

Grimm.

à Paris de 25. Septembre 1775.

Vous ne vous doutez guère, Princesse, à quel point vous contribuez à me rendre la vie odieuse, vous qui êtes si bien faite pour l'embellir de toute maniere. Mais je hais un peu votre vie parceque je ne la trouve pas aussi heureuse que je desirerais, et sur ce point je ne serai peutêtre jamais à contenter. Je hais la mienne, parceque tiraillé de mille manieres, accablé de mille miseres, et ce qui pis est de mille fadaises, je la vois s'écouler sans pouvoir vous écrire, sans jouir des seuls sentimens pour lesquels elle peut mériter d'être conservée. Vous m'avez écrit deux lettres charmantes. Eh bien, de courier en courier j'ai trainé l'esperance de vous écrire, toutes les fois j'ai été obligé de différer, j'en ai été au désespoir, et je puis vous assurer, Princesse, que rien ne desseche et ne brule la sang comme cette esperance formée et trompée. J'en ai gagné une insomnie qui m'a mis hors d'état d'écrire pendant plusieurs jours. Cela n'a-t-il pas bien avancé mes affaires? Au milieu de cet état pénible je n'ai guere eu de momens agréables que ceux que j'ai passés avec Monsieur et Madame la Marquise de Sérent, et c'est une nouvelle obligation que je vous ai. Ils m'ont presque traité comme un de leurs amis, parceque vous avez eu la bonté de leur parler de mon respect et de mon attachement pour vous. Tout ce qu'ils m'ont appris de votre situation ne m'a pas enchanté, mais ils m'en ont parlé avec un intérèt si vrai et si tendre que j'en ai tiré pour moi une source de consolation, et j'ai dit puisqu'elle a tant de ressources en elle même, un coeur si généreux et digne d'un meilleur siècle, et des amis si tendres et si vrais, elle ne saurait jamais être tout à fait malheureuse. Après avoir même tourné et retourné votre sort de toutes les manieres possibles, nous avons conclu, Princesse, que vous jouirez non pas de tout le bonheur que vous méritez, mais d'une vie douce et tranquille, pourvuque vous vouliez nous assurer que le Prince bien loin de se déranger, mettra tous les soins à arranger ses affaires et à faire des épargnes. Je ne vous plains pas d'avoir été souvent trompée dans cette noble confiance, compagne d'une ame généreuse qui ne connaissant que des sentimens élevés ne peut supposer de la bassesse dans les autres. Ils peuvent vous nuire, mais ils sont plus à plaindre que vous, quelque supposition que vous fassiez, puisqu'il leur est refusé de sentir le prix d'une ame telle que la vôtre. Comptez, Princesse, que vous avez sur mon respect, sur mon attachement, sur mon repos des droits illimités, que vous n'avez qu'à n'être pas aussi heureuse que je le desire, pour que je sois malheureux et que votre bonheur ne sera jamais partagé par personne plus vivement que par moi, pas même par Madame de Serent. Je vous aurais toute ma vie une obligation essentielle de m'avoir

mis à portée de faire ma cour à votre respectable amie
dont je connaissais depuis longtemps tout le prix, mais
dont je connais maintenant la chaleur en amitié qui n'est pas
propre à diminuer le réspect qu'elle inspire. Vous savez
qu'il y a un compliment à lui fair. M. de Serent a été
designé Gouverneur de M. le Duc d'Angoulême. Tout le
public a applaudi à ce choix et mois j'en suis transporté.
Lorsque vous recevrez cette lettre, Princesse, mes enfans
n'auront plus le bonheur de vous être à charge. Vous pouvez
être sûre qu'ils vous sont attachés pour la vie. Combien
de fois vous serez le sujet de nos entretiens dans notre
berline, et je prévois qui chacun des trois voudra être celui
qui vous est le plus attaché; il y a là de quoi brouiller
les trois voyageurs. Il y a prés d'un mois que je n'ai vu
M. Diderot. Il est à la campagne. Je crois qu'il perd
toujours sa vie, mais je n'ai pas le même regret à ce qui
lui reste qu'au passé. Je suis très flatté de ce que vous
avez eu sa bonté de me dire de M. Hemsterhuys et je
voudrais bien être sûr d'avoir inspiré quelques sentimens
favorables à un homme de son mérite. Voilà que vous
allez posséder bientôt Madame la Princesse d'Orango et
Mademoiselle Dankelmann. Je voudrais qu'elles scussent
toute la reconnaissance que je vous dois. La Duc de
Saxe-Gotha vient de me nommer son Ministre plénipoten-
tiaire près du Roi. Ce Ministre est pénétré pour vous,
Princesse, du respect le plus tendre et de l'attachement
le plus fort. J'ai été attendri aux larmes en lisant: N'avez
vous plus aucune commission à me donner? Daignez donc
me donner les vôtres pour l'Italie.

Von der Fürstin an Hemsterhuys.

à la Haie ce 9. Fevr. 1777.

Socrate incomparable

La lecture de l'ecrit divin que Vous m'avez communiqué a altéré mon ame d'une sois ardente après sa
suite, puisse la douce rosée de Votre eloquence l'étancher
promptement!

Liquidus puroque simillimus amni,

C'est ainsi que votre eloquence fertilise mon ame, c'est
ainsi que Votre genie protecteur fit aimer et s'attacher à la
philosophie celle, qui jadis esclave d'un monde frivole! ....

Mais, Suavis est laborum praeteritorum memoria.

Le tems me manque pour Vous dire tout ce que j'ai
dans la pensée! Ainsi je me borne à Vous saluer respec-
tueusement et . . . . tendrement malgré la colère
où Vous m'avez mise ce matin.

Münster, ce 22. de Mars 78.

Depuis 7 ans que jy suis, ma reputation a etrangement
variée. Par rapport à la religion j'ai passé tour a tour
pour Grecque, Athée, Deiste et Chrétienne, Magicienne
dans le sens de la secte soidisante en vogue; quant aux
moeurs Cynique la 1ere et 2e année à cause que je nage et
fais nager mes enfans — et severe pieterte depuis que nôtre

nagerie en a fait nager d'autres, quant a mes sentimens
sur l'amour-grosse du grand homme *) l'année de grabuge
de la coadjuterie, Platonicienne, folle, lunatique les autres;
quant à la philosophie-stoicienne, Epicurienne, Leibnitzienne,
Hemsterhuysienne ienne, ienne, ienne, jusqu'a l'infini tour
à tour et quant à ma manière d'être, à peu près toujours
excentrique et folle.

P. S. Notez pourtant, que notre folie nous fait re-
chercher de toutes les sectes et classes possibles d'hommes,
par la raison que chacun y trouve son compte, puisque
chacun se trouve plus sage, chacun y trouve à rire, chacun
est delivré avec nous de l'ennui des lieux communs — et
que personne avec cela ne nous envie.

Jeudi soir 29. ou 30. Septembre 79.

Je suis deja parvenu a n'avoir besoin que de 5 heures
de sommeil.

14. Novembre 79.

J'ai lu Diodore de Sicile il y a je crois 2 ou 3 ans
avec plaisir, mais je n'étois pas assez mur pour le lire
avec tout le fruit possible et si vous venez a Munster, je
le relirai avec grand plaisir avec vous. Actuellement je ne
lis point. Les mathematiques se sont emparés des moments
qui me reste — je sens que je n'ai fait y balbutier — et
mes enfans qui servent de première direction à toutes mes

*) Fürstenberg.

études, ont besoin que je marche ferme dans cette carrière, qui me paroit être extrément bien traitée ici. Le Latin aussi m'occupe et je commence à epeller Horace, qui m'enchante — je n'aurois jamais cru qu'un Romain put avoir tant de vrai tact et de gout, il faut que cet homme soit nourri des Grecs.

24. Decembre 79.

Je suis occupée a lire Locke de front avec Leibnitz pour me familiariser avec la philosophie Allemande, qui se fonde en partie sur ces deux auteurs.

le 20. de Mars 1780.

Je crois fermement, mon cher Socrate, que si d'un coté le siècle de Götz de Berlichingen à la main de fer (personnage comme vous saurez par l'histoire tellement réel que nous l'avons representé dans ses propres mémoires fort curieux et intéressants à lire, précisement tel que Goethe l'en a tiré) vous étoit bien présent à l'esprit et si de l'autre vous entendiez parfaitement la langue, vous ne mettriez certainement pas Goethe presque au dessous de Diderot dans la simplicité et l'intelligibilité de l'expression, et seulement à côté pour la connoissance du coeur humain. La différence qui peut encore occasionner cette idée, c'est que peut être le coeur humain observé à Paris est un abstrait encore bien plus superficiel qu'observé là, où Goethe l'a observé. Il peut en resulter, que se qui a été peint chez Diderot, se trouve surement partout, mais que tout ce qui

se retrouve partout, n'a pas été peint par Diderot, mais
bien par Goethe: car pour être à même de voir se mani-
fester ce qui est partout, il faut, ce me semble, et être à
même de voir l'objet de l'observation sous toutes sortes
de circonstances — et avoir des yeux qui transpercent plus
d'une surface — et je suis convaincu que l'un et l'autre avantage est du côté de Goethe. Pour ce qui est de l'Iphigénie,
je serai charmé que vous l'ayez lu, vous verrez tout au
moins en comparant l'immense distance de ton de ces deux
pièces, la robusticité et l'étendue du génie de l'auteur, pour
moi je vous avoue, que je ne connois aucun génie poétique
moderne comparable à Goethe, si ce n'est peut être Shake-
spere, pour Lopes de Vega, ne sachant pas l'espagnol, je
ne puis le juger.

Pour votre Duc de Gotha, je suis faché du tems que
vous perdez avec lui; ne protegea t'il pas Spartacus,*) il
ne sera jamais qu'un Prince tout au plus, qui se sauverait
de la corde, c'est-à-dire, un homme très médiocre. Peut
être l'autre Duc vaut-il mieux, je le crois veritablement et
je l'en aime, puisque je vois de plus en plus qu'un Prince,
qui est seulement un peu homme, vaut 10,000 pour cent.
Ils sont tout entachés du péché original de l'égoisme au
centuple des autres hommes, et je doute s'il y en ait un
seul, qui sent qu'être aimé et respecté est une faveur
du ciel, non une rente héréditaire.

--- --

*) Weishaupt, Stifter des Illuminatenordens.

25. Novembre 1783.

Vous savez vous même, que je me suis volontairement
arraché à la musique*) qui m'aimoit un peu et dont j'étois
et dont je serois encore passionnée, si je me permettois de
l'être, mais outre qu'elle me surprenoit souvent des heures
que j'aurois dû dans l'immense quantité des besoins, que j'ai
encore pour moi et mes enfans donner à ces besoins, elle
enerve trop l'ame, l'a met dans un état de passivité et de
receptibilité très nuisible à la fermeté, à l'egalité et au
silence et à l'absence de tout ce qui s'appelle ton passionné,
qualités cependant qui doivent caracteriser un educateur de
la perfection, du quel je suis encore bien loin.

Münster le 15. de Fevr. 1787.

Me voici enfin etablie en ville, mon cher Socrate;
mais sans le grand homme, en verité, je ny serois pas.
Tant il est vrai, quoique trivial, que ce ne sont pas les
objets exterieures, qui font le bonheur; car veritablement
ma maison, la belle salle, dans lequel je vous écris, placée
directement sous votre buste entre Alexandre le grand,
Goethe et Herder et vis-à-vis Homère, tout cela est à ma
chaumière et à mon salon d'Angelmodde à peu près comme
une taverne d'Amsterdam est aux propilées, avec tout cela,
j'aime mieux ma mie.

La plume me tombe des mains, lorsque je songe

---

*) Diderot schreibt hierüber im Jahr 1773:
Elle (la princesse) joue du clavecin et chante comme un ange.
Mémoires, correspondance et ouvrages inedits de Diderot 1831. III. 107.

seulement à entamer la liste de mes raisons de cette préfé-
rence, tant j'en ai, aussi je compte bien y retourner des
que Mr. de Fürstenberg aura porté l'assemblée des états
a bonne fin, et nous esperons tous deux, que ce sera vers
paques. Je suis flattée, mon cher Socrate, toutes les fois
que vous trouvez dans la marche de ma tête quelque
ressemblance avec la votre, cela prouve que de tant de
biens dont j'ai joui, tout du moins n'a pas été perdu
pour moi.

Vous me parlez souvent de votre vieillesse, cher
Socrate, et il faut que je vous avoue toute ma foiblesse,
cela me peine. L'idée de la distance de nos ages m'a
peiné de tout tems, bien loin de parvenir à me familiariser
avec elle, elle m'est devenue insupportable dans la proportion
du cube des tems, la seule idée contrepoison fut ma debile
santé, et comme elle est plus forte cet hiver, voulez vous
bien croire, que les idées de distance d'age relativement
a vous et au grand homme y ont regagnés un pouvoir,
une vie que j'ai tant de peines du monde à gouverner, que
cette experience me guerire je pense, totalement de toute
plainte future sur ma debile santé. „Tout cela," me direz
vous, „ne m'apprend pas, pourquoi je ne dois pas parler de
ma vieillesse, car enfin en parler tue aussi peu que faire
son testament." Cela est vrai, mon ami, aussi je ne crains
pas le mal à cause de son influence sur la chose, mais à
cause de son influence sur un coté de ma sagesse, que je
vais vous devoiler, sans beaucoup caresser ma vanité, puisque vous verrez que ce n'est qu'un rideau, qui couvre

5

soigneusement ma folie — mais enfin vous trouverez que ce n'est pas la première fois qu'elle joue cette role.

Vous avez connue, mon cher Socrate, ma monstrueuse sensibilité et comment elle fut de tout tems la source de tous mes défauts — injustices, partialités, inegalités, colère; elle fut cause que tourmenté par les sentimens même les plus doux, je ne connoissois presque que momentanément et pour éprouver plus surement les tourmens de Tantale — cette paix et ce repos interne, baze necessaire de toute grandeur et de tout bonheur.

Pour mes pretentions au grand, j'eu la sagesse d'y renoncer assez tot, mais il n'eut pas été egalement sage de renoncer a celles au bonheur, si même cela fut possible à l'homme; — car c'est, je crois, cette heureuse impossibilité, qui fait son caractère le plus distinctif comme celui de ses titres le plus assuré à l'immortalité — du moins selon mes sensations et les votres. Mais enfin je me trompai encore trop long tems sur le genre de bonheur, dont l'homme est susceptible prenant l'amour ou plutot (puisque ce mot en francois expresse une fausse idée), l'aimer en general comme but objectif au lieu de le considerer comme moyen. Cette erreur ne fut pas à la verité en moi theoretiquement, mais de fait, sans que je m'en apperçusse clairement, comme l'idée de grandeur, de tout savoir etc. l'avoit été pendant quelque tems.

L'époque qui me porta si près du terme de ma transformation, epoque sainte et sacrée que je n'oublierai jamais, lui devant des sensations neuves et importantes, que je n'eusse jamais pu me procurer sans elle, et un changement total dans la direction de mes forces et desirs, me montra avec une limpidité inexprimable, une lumière toute nouvelle. Je sentis en un mot (car les détails né sont pas l'affaire d'une lettre) que le bonheur, ou l'homme sage doit tendre tant qu'il est sous l'influence de la lune, consiste uniquement à mettre sa volonté en harmonie avec celle de Dieu, à aimer cette volonté, ou en d'autres termes, à être satisfait de tout présent. Je vis avec la même evidence qu'avec une sensibilité monstrueuse comme la mienne et une imagination vivifiée et modifiée depuis longues années par elle, je n'avois que deux moyens, dont l'un étoit violent, mais indispensables pour me guerir et m'amener là

I⁰ de m'occuper sans cesse a regarder en arrière sur l'immense somme d'experience, que j'ai fait sur trois faits, savoir

1⁰ que les choses prévues par mon imagination n'arrivèrent jamais absolument comme elle me l'avoit peint,

2⁰ que toutes les chosses qu'elle m'avoit peint comme insupportables, lorsqu'elles arrivèrent, arrivoient tellement modifiées ou me trouvant tellement modifiée, qu'elles furent tres supportables et tournant toujours à un grand bien quelconque d'une durée plus grande et plus réelle que le mal, et

3⁰ que je fus toujours convaincu après·coup, que les choses que j'avois regardés comme essentielles à mon bonheur et desiré en consequence, me furent refusé pour mon plus grand bien.

De ces trois leçons fréquentes j'ai tiré la conclusion evidente, que je n'étois qu'une bête en comparaison du

5 *

directeur suprême de notre sort, et j'y ai gagné une confiance, un abandon absolu en ce directeur, semblable à
l'abandon d'un enfant entre les bras de sa mère; a quoi
j'ai ajouté nombre d'expériences instituées tout exprès à
ce but, qui me convaincurent encore plus, combien le fait
diffère de l'idée dans une imagination sensible, tels par
exemple: Lorsque dans un grand froid je voyois la rivière
converti en un glacon, je me figurois étant au bord, que
je me trouvai tout nud dans cette rivière. La sensation
dans l'imagination en étoit horrible, je frissonnai, je tremblai
comme si j'avois la fièvre. Vite j'appellai mes gens pour
faire hacher la glace, j'obscurcissois mon idée; en me des-
habillant, je hautois dedans; le fait même comme appli-
cation de mon activité interne et externe à une resolution
me fut si agréable, que je n'eus pas le tems seulement de
sentir le mal. Voila pour les maux physiques et les dangers,
— sur les quels entre' autres des expériences faites en songe,
ont contribué à m'eclairer beaucoup et dont le resultat fut
que nous avons en nous des forces contre le fait, que
nous n'avons pas contre l'idée de la chose.

De tout cela resulta le second moyen, que j'ai nommé
plus violent comme vous le sentirez sans explication, c'est
de brider tellement mon imagination, que je ne lui permet
plus avec conscience de ce que je fais un seul instance
des tableaux sur le futur relatifs à moi ou à ce qui me
touche, excepté ceux qu'evidemment je puis regarder sans
crainte ni des projets sociaux quelquonques; c'est à dire
des projets concernant les modifications de mon pelerinage
ici bas, tellement qu'après m'être convaincu que dans nos

gouvernemens actuels on ne sauroit être quelque chose de décidément util pour soi et les autres par emploi dans la societé, je ne songe pas plus à la destination sociale de mes enfans, que si je n'en avois point, convaincue que cela se trouvera en tems et lieu et qu'en y songeant je me gaterois moi même mes yeux, sans y rien avancer.

Vous sentez, mon cher Socrate, que d'après ces principes, et la préponderance inextinguible de l'amitié sur tous mes desirs, sentimens et idées, c'est surtout de ce coté que la bride doit être absolument severe, et que c'est là la raison, qui me fait tressaillir comme à la vue de mon plus dangereux ennemi, lorsque je vois dans votre lettre le mot de vieillesse. Je suis parvenue par une obéissance fidèle et exacte à mes principes à accrocher cette intime paix si desirée, m'appliquant exactement au moment présent selon la profonde parole de la plus belle des prières:

Donnez-nous aujourd'hui notre pain quotidien. Mais ce n'est pas sans sueur et labeur, sans une attention continuelle que je me conserve ce bien précieux, source de tant d'autres.

Mais puisque voilà une fois la glace rompue, j'ose cependant vous demander la grace de me dire dans votre première lettre exactement votre age et cela par deux raisons 1° parceque j'aurai besoin quelque jour peut être de le savoir, 2do je voudrois le savoir par une curiosité psychologique. Je vois en vous un phenomène singulier, c'est que sans voir aucune de vos facultés diminuer si ce n'est peut être l'activité exterieure, ce que je n'oserois

assurer cependant, j'ai vu depuis quelques années la viva-
cité de votre imagination poétique, et ce qui s'appelle
proprement l'esprit, c'est à dire la faculté de voir, de
saisir, de rapprocher des semblabilités, des similitudes fort
eloignées dans des total ou tout fort dissemblables en
apparence croitre prodigieusement ou du moins se mani-
fester plus habituellement.

Adieu, cherissime Socrate, que mes folies et mes
foiblesses ne vous degoutent pas de m'aimer. Ne nous
quittons (le quel des deux puisse ou doive être le premier)
qu'en croissant de cette coté comme de tous les autres,
afin que nous continuions en toute eternité et que le restant
puisse se couvrir de cette certitude comme d'un egide
impenetrable contre l'ennemi le plus redoutable la solitude
de l'aimant.

Adieu, cher Socrate, je ne puis, je ne veux, je ne
dois pas continuer.

Vous me ferez plaisir, en me renvoyant cette lettre
ou une copie, n'ayant pas le tems d'y bien reflechir; à
present je voudrois pouvoir revoir, si je n'ai rien omis
d'essentiel, pour rendre le tableau vrai et justement tel
qu'il est en moi, afin d'être bien comprise.

Angelmodde le 4 de Juin 1787.

Vous me dites de ne faire resoudre vos problêmes
algebriques que par des mains sures. Mon cher Socrate,
soyez tranquille à cet egard, car jamais personne ne les

a resolus que moi même et un couple de fois, Mr. de Fürstenberg.

Angelmodde ce 11 de Juin 1787.

Vous me pardonnerez assurément la maigreté de ma lettre, étant toute occupée à corriger la traduction de l'Alexis pour achever s'il est possible cette besogne avant l'arrivée du C. car après cela le tems et l'esprit me manquera passablement.

Angelmodde le 21 de Juin 1787.

J'ai achevé hier l'ouvrage de la recension de la traduction et l'ai renvoyé à Jacobi; dès que nous serons d'accord, je vous les mettrai sous les yeux pour en decider en dernier ressort, à moins que pour que les choses aillent plus vite vous ne feriez n'en être pas importuné; cependant j'aurai toujours quelque scrupule à me passer de votre dernière revue. Mais supposé que Jacobi ne fut pas de mon avis en quelque endroit, alors du moins vous devez decider absolument.

Angelmodde le 2 d'Aout 1787.

Vous savez, que j'eus de tout tems une belle passion pour la metaphysique, ce n'est pas sans doute qui m'en avez gueri, mais hélas je vis que ma pauvre tête ne suffisoit pas à la fois aux speculations sans nombre, où cette passion m'invitoit, et à la pratique continuelle, que m'imposent

des devoirs plus pressants — ainsi j'avois le dur parti de
sacrifier quelques années ce met delicat à des nourritures
plus grossières, mais necessaires à ma subsistance morale —
et ce parti me donna si non des jouissances, du moins
une certaine paix ou plutot une trève interne, mais ne
voila-t-il pas qu'il s'elèvent depuis un an environ des
questions et des querelles en Allemagne, dont vainement
j'ai travaillé jusqu' ici avec succès a m'abstraire — enfin
le demon tentateur s'est emparé de moi derechef, il rem-
porte la victoire et me livre, sans que je me sente en etat
de resister davantage, à l'étude de ces querelles. Kant,
Herder, Jacobi et par leur diabolique magie, Spinoza,
Descartes, Leibnitz — — etc. etc.

(Les autres ne vaillent pas la peine d'être nommés)
font dans ma tête un fintamare, qui m'empeche de m'entendre moi même. — Oh St. Socrate ora pro nobis.
Jacobi en parti cause malheureuse de ma rechute est
encore ici, il me charge de vous presenter son admiration
et de vous demander combien vous desirez d'exemplaires
soit de l'original françois, soit de la traduction de l'Alexis.

Tandis que Jacobi est ici, de le C. est toujours a
Dusseldorf encore chez le Cte de N. — Dieu sait comment,
son ami. La soeur de Jacobi ecrit a celui ci par la
dernière poste qu'il s'est elevé une dispute entre elle et
le C. au sujet de la question, s'il falloit donner l'idée
d'un Dieu à un enfant et lui permettre de l'invoquer —
où le C. a fort et ferme soutenu la negative par mille
raisons dignes de sa robuste philosophie. Dans le courant
de la querelle le C. a fait sentir, comme il fait souvent

depuis environ deux ans (je ne sais pas le pourquoi), qu'il croit en Dieu, et a soutenu qu'il n'existoit point d'Athée, disant: „pour moi je n'en ai jamais connu, et s'il en existe, ce ne peuvent être que des bêtes ou des gens très vains, qui à 30 ans veuillent se faire un nom — assertion, dont il resulte pour lui deux petits embarras, car 1° son hôte le Cte de N., qui étoit present à cette conversation, est un Athée, ni bête ni vain, circonstance inconnue au corps, il ne savoit selon le recit de Melle Jacobi où fourrer ses mains et ses yeux pendant cet anatheme fulminant, pendant le quel la comtesse de N., qui n'est pas Athée, cachoit comme Sara la tête derrière la porte pour rire. 2do Jacobi, qui aime le clair, a chargé Melle sa soeur de demander au C. si donc il n'a jamais connu son ami Diderot, Naigeon etc.

Angelmodde le 6 d'Aout 1787.

Jacobi est parti avant hier après que nous eumes achevés de regler et de mettre d'accord nos divers opinions sur la traduction de l'Alexis.

le 10 d'Aout 1787.

Le Dieu de Herder me paroit très decidemment le fondement de l'univers ou plutot, ce qui est dans tous les êtres pris ensemble un mot, qui exprime une totalité; et je conçois que cette manière de voir, admet la réunion du Spinozisme avec le Christianisme et tout ce qui finit en

isme, ce que je ne concevois pas plus que vous à Weimar.
Herder c'est un bel esprit assurément, mais je ne l'ai
jamais cru profond. N'oubliez pas de lire le 15e chapitre
du 3 tome de son grand ouvrage: „Ideen zur Philosophie
der Geschichte der Menschheit"; vous verrez, si je ne me
trompe, comment le Gott semble écrit tout exprés pour
lui servir de sarcophage. Ce chapitre m'a fait l'effet d'un
sepulcre, couvert de fleurs, qui renfermeroit un corps pourri;
mais l'odeur du mort perce à travers. Adieu, cherissime
Socrate, que le Dieu vivant et subsistant nous pénetre
tellement de sa toute présence, que l'odeur de la corruption
ne puisse nous affecter par aucun sens.

Aschaffenbourg le 30 de Septembre.

Le Coadjuteur (Dalberg) a trois grandes qualités, une
veracité rare, une independance parfaite de tout ce que
n'est pas la conscience de sa propre approbation même de
sa place, où cependant il compte faire du bien, et un esprit
entreprenant d'une grande hardiesse et vigeur.

Il a deux défauts:

1) Son esprit en embrassant de grands totals, un
grand nombre d'idées coexistantes — sautant souvent
très heureusement, marche trop peu, — il manque de suite
et de profondeur.

2) Il a une légèreté de propos, qui laisse assez entre-
voir, que son imagination n'est pas une monarchie, mais
une democratie la plupart du tems.

Il se connoit ce dernier défaut et sent assez la nécessité de le corriger. Je trouve seulement qu'il ne sent pas assez le vrai motif de cette necessité. J'espère cependant que sa situation le lui fera bientôt sentir en partie au moins.

Je trouve que de l'etoffe du Coadjuteur et notre grand homme on feroit un être prodigieux, où le dernier auroit cependant le plus d'enjeu.

Düsseldorf, ce 18 de Septembre 1787.

J'ai trouvé ici votre lettre, cherissime Socrate, qui m'a fait un double plaisir 1⁰ par elle même 2ᵈᵒ parceque elle ma servi d'augure pour la continuité regulière de notre correspondance pendant ma course vagabonde. J'ai du m'arreter ici un jour de plus que je ne comptois parceque je me suis sentie indisposé en arrivant, mais cela ne change rien à notre correspondance si non que vous pouvez m'addresser une lettre de plus à Francfort, p. c. 3 en tout à Francfort; et puis comme je vous l'ai dit, 2 encore ici où je m'arreterai en reposant un couple de jours et puis le reste à Münster. Votre admirable lettre sur l'athéisme, que j'ai apporté ici avec moi a fait à Jacobi toute la sensation qu'elle merite de faire, il desire ardemment vous voir cet hiver à Münster et me charge avec toute sa famille de vous dire mille choses. Figurez vous que je suis destiné au bonheur non pareil de voir près de Francfort votre chere amie Mad. de la Roche, l'intime de Mr. de

Luc et de Mde. de la Fite.*) Figurez vous que se suis
occupée à me faire lire chemin faisant par mes enfans les
écrits admirables de De Luc sur la partie de l'Allemagne,
que nous parcourrerons actuellement. Figurez vous que
malgré tant de grandes choses qui pesent sur mon cervelet,
il a encore la force de sentir et d'admirer le tarif excellent,
que vous donnez dans votre derniere lettre des differentes
valeurs des organes morales guerroyants. Je ne scais, mon
cher Socrate, où vous prenez tout le genie et l'esprit, dont
vous remplissez regulierement deux fois par semaine vos
lettres; si vous pouviez m'indiquer une source, où je puisse
puiser aussi, vous obligeriez par la votre vous même d'abord,
et puis votre très necessiteuse Δ.

Manheim ce 6 Octobre 1787.

Je vous dirai en abregé, que nous avons trouvés ici
une galerie de tableaux pas comparable à celle de Dusseldorf, mais belle pourtant, une galerie des plus beaux models
des plus belles statues antiques; c'est certainement la plus
belle collection, qui existe en Allemagne sans excepter
celle de Dresde, si j'en ote les deux vestales, qui ne sont
pas ici; un bel observatoire bien fourni d'instrumens, entr'
autres une lunette pour observer les passages, qui agrandit
350 fois, deux pendules d'observation, l'un selon les principes de la Lande, l'autre selon les rectifications de . . .

---

*) Mad. de la Fite, Ueberſetzerin von Lavater's Phyſiognomik in
das Franzöſiſche.

Mais le plus curieux etoit Mr. l'astronome*) lui même,
non tant à cause de son genie, qu'à cause de la construc-
tion de ses yeux.   Il voit à l'oeil nud le soleil sous un
diamêtre, qui n'est pas plus grand que la largeur de l'ongle
de son petit doigt et Nb il a la main plus petite que moi,
tous les autres objets il les voit en proportion de celui ci;
mais son oeil avec cela est si penetrant qu'il revoit a l'oeil
nud 13 pléiades, et à 300 pieds de France il distingue un
fil tres fin.

Düsseldorf, le 15 d'Oct. 1787.

Figurez vous, que je suis condamnée à étudier les
affaires de finances, le droit canon et choses pareilles pour
appréter Mitri à pouvoir aide de camp — quelque jour —
où vous savez.**)

Münster le 22 d'Oct. 1787.

Je donnerois beaucoup, cher Socrate, pour avoir le
tems de vous d'écrire circonstanciellement une ligue, qui a
existé depuis quelques années presque dans toute l'Europe.
emanée de la Baviere, pour escamoter Dieu et toute la
religion aux hommes, et noter que c'étoit precisément la
secte appellée les Illuminés ou antijesuite, dont étoit notre
cher Leuchsenring et qui pour aller plus surement avoit
repandue elle même tout le conte sinistre et tortillé de la

---

*) Fischer.

**) Bei dem Coadjutor Dalberg, welcher eine Miliz zu errichten be-
absichtigte und solche Kenntnisse neben mathematischen und militärischen
für erforderlich erachtet hatte.

ligue des Jésuites, que vous vous rappellerez nous avoit
été intimé a Geismar sous le sceau du secret. Vous aviez
une forte bande de cette secte en Hollande dirigée par la
Westphalie comme provinciale.

Münster ce 15 Nov. 1787.

Vous me demandez comment Leuchsenring étoit mêlé
la dedans, c'est qu'il étoit un Illuminé et apparemment
d'une des premières classes, — quoique jespère pour lui
qu'il n'ait pas été de ce qui s'appelloit l'Areopage dans
cet Illustre Corps — et je compte qu'en qualité de son ami
intime vous joindrez vos voeux aux miens, dès ce que vous
saurez ce que c'est cet Areopage.

Le 24 Dec. 1787.

Mon cher Socrate! Certainement Spartacus c'est un
homme d'une grande tête, si on la considère du côté de
l'adresse à trouver des moyens, pour parvenir a une fin. Quant
à l'invention, il n'en a eu ni la gloire ni la peine; ce plan
est pour ainsi dire copié sur celui des Jésuites, seulement
que le premier but, le but originaire du fondateur des
Jésuites étoit plus simple et plus beau, ses successeurs
seul l'ont compliqué et deterioré et y ont mis le germe
qui mena à ce despotisme qui devoit detruire cette societé.
En quoi Spartacus brille encore, c'est dans la connoissance
de l'homme, et en considérant comment il instruit ses
adhérents pour la manière d'aller à la chasse des prose-

lytes à faire. Il me semble que vous prononcez un peu
durement la sentence de ceux qui s'y laisserent prendre,
en les condamnant tous à être sots ou fripons. Je connois
pour ma part quantité d'Illuminés, qui y ont renoncé,
lorsque le secret des chefs fut divulgé, quelques uns avec
horreur, parmis lesquels il y a des personages très respec-
tables tant pour la tête que pour le coeur. Vous oubliez
qu'ils n'avoient garde d'exiger, de proposer et de confier à
tous les mêmes objets, qu'ils étoient instruits à se plier
selon le personnage, qu'ils avoient devant eux, et l'impor-
tance dont ce personnage étoit pour leurs vüs, cest ainsi
qu'ils n'en prenoient plusieurs que pour la decoration,
d'autres pour engraisser le tresor, de l'état etc. et ils
n'exigoient de ceux là presque rien qu'un secret facile à
garder, puisque ce n'étoit pour ainsi dire que le secret du
nom; trouvoient ils des gens de bon sens, mais à systeme,
ils leur presentoient pour aumone l'extension de leur systeme
etc. Sans doute on pouvoit voir le foible avec des yeux
un peu perçans dans la connoissance de l'homme. Mais
vous savez aussi que celle de l'homme est plus rare que
la connoissance des hommes, puis qu'elle exige pour baze
la connoissance de nous même, que la derniére, cest à dire
celle des hommes, depourvue de la premiére, même très
aisément aux systemes les plus erronés, et les plus im-
practicables, sur leur gouvernement, et ce qu'un ou plusieurs hommes réunis pourroient en faire. En verité notre
Dieu seroit bien au dessous de Jupiter et de son Olympe,
s'il pouvoit jamais vouloir abandonner le genre humain au
caprice d'un ou de quelques uns de ces êtres bornés,

d'ailleurs encore une fois, la connoissance de l'homme
rend ce projet absurde en lui même. Independemment de
cette reflexion aussi je connois trois hommes, Mr. de Fürstenberg, Jacobi et un certain Lamezan, dont je vous ai je crois
parlé dans une lettre datée de Mannheim, qui ont vu d'abord
(lorsqu'on leur proposa d'entrer dans la magnifique secte
de reformateurs du genre humain) que la chose ne pouvoit
aller; vous trouverez la reponse que Lamezan leur a fait
vers la fin du premier ou du second volume Original
Schriften der Illuminaten, — je n'ai pas le livre à la
main pour vous indiquer la page — mais elle vaut la peine
d'être lû.

Adieu, cher Socrate. Que le suprême reformateur et
gouverneur du genre humain nous illumine de son flambeau
inextingible!

le 1er de Juin 1788.

Si vous possediez dans votre biliotheque ou que vous
connoissiez dans celle de quelqu'un de vos amis un livre
intitulé: „Jordanus Brunus Nolanus de triplici minimo
et mensura, della causa principio ed uno. Venezia", vous
m'obligeriez sensiblement de me le renvoyer sur le champ
par le chariot de poste, pour trois semaines ou quatre.

Von Thulemeier,

Preußischem Gesandten im Haag.

Dieser und die folgenden vier Briefe betreffen die Coadjutorwahl im Erzstift Cöln und im Hochstift Münster, deren Geschichte in Dohm's Denkwürdigkeiten Thl. 1 S. 295 ff. dargestellt ist.

à la Haye le 21 Juillet 1780.

Madame la Princesse!

J'ai reçu avec autant plaisir que de reconnaissance une lettre dont Vous m'avés honoré sans indication de date, mais qui m'a été rendue le 16 de ce mois. Des occupations multipliées, et qui ont absorbé tout le temps dont je puis disposer, ne m'ont point permis d'y repondre l'ordinaire dernier, et je me flatte que Mr. Dohm Vous aura fait agréer les excuses, dont je l'avois chargé. Rien de mieux et de plus detaillé, Madame la Princesse que le contenu de Votre lettre. On est très content ici de Mr. Landsbergen,*) puisque selon Nos informations le Cte de Metternich**) lui attribue trop d'activité et trop de déference pour les Délégués du Roi. Il nous faut Mr. de Fürstenberg. Ce Prélat en contribuant au bonheur de l'Eveché dont il a créé pour ainsi dire l'existence, remplira

---

*) von Lansbergen, der in Cöln residirende holländische Gesandte.
**) Graf von Metternich, kaiserlicher Gesandte an den Churhöfen Mainz, Trier und Cöln.

non seulement les vues des bien intentionnés, mais nous offre aussi une élection qui repond à l'interet de ma Cour et à celle de la Republique. J'attends avec impatience d'être informé de l'effet que la Declaration du Roi au Chapitre de Münster aura produit. Messieurs Dohm et Emminghausen*) ne m'ont point écrit par la dernière poste, omission tout à fait inexcusable, opposée aux ordres exprés du Maitre, et qui peut avoir des suites pernicieuses, puisque au defaut des notions requises je dois suspendre de certaines demarches. On est des mieux disposé ici, et pourvù que Mr. d'Emminghausen agisse avec autant de dexterité que d'intelligence, je me flatte que nous parviendrons encore a porter obstacle aux veus ambitieuses de la Cour de Vienne. Le mot de Mr. de Fürstenberg au Roi de Snede est sublime et digne des Citoiens de l'ancienne Rome. Il seroit à souhaiter que le Monarque Suedois fut asses puissant pour influer sur l'affaire qui nous intéresse d'une manière conforme a ses bonnes intentions. Daignés Madame la Princesse, m'honorer fréquemment de Votre correspondance et agréer les assurances des sentimens respectueux avec lesquels jai l'honneur d'être.

Madame la Princesse!

Votre très humble et très
obéissant Serviteur
de Thulemeier.

*) von Emminghaus, preußischer Gesandte in Cöln.

à la Haye le 28 Juillet 1780.

Madame la Princesse!

J'ai reçu hier au soir sous couvert sans aucune lésion une lettre admirable de Votre part. Vous faites mieux, Madame la Princesse, que tous les Négotiateurs du monde. Vous connoissez les hommes; c'est un très grand talent. Ce que Vous me dites de nos Délégués, et du bon homme Landsbergen est on ne peut pas plus vrai. J'apprends avec bien du plaisir la justice que Vous rendés a Mr. Dohm. C'est un excellent Sujet, qui a des lumières, de la dextérité, et ce zèle chaud qui seul assure la réussite dans les grandes affaires. On marche ici à pas tents et très lents, et le mal est qu'on cherche à se persuader que toute demarche ultérieure serait inutile, puisque le succès des vues Autrichiennes est assuré. Voila des propos qu'on a tenus depuis plusieurs mois, que j'ai toujours eu à combattre, et quoique je leur ai prouvé que si on avoit suivi les mesures que j'ai suggérées il y a plus d'un an, nous aurions prévenu les menées Autrichiennes, — on retombe toujours dans les mêmes fautes. C'est un espèce de purgatoire que d'être chargé d'une negociation dans ce pais ci, et j'espère que le soin avec lequel j'ai dû brider mon impatience me servira un jour de mérite. On me promet pour la semaine prochaine le supplément demandé, qui auroit dû être reglé il y a quinze jours. Les notions que Vous me communiqués Madame la Princesse sur les insinuations insidieuses du Cte de Metternich au bon homme Landsbergen me seront très utiles, et j'insisterai qu'on

6*

l'encourage à montrer la fermeté requise, mais l'a t'on ici? non certainement, et voilà un grand mal. La cour de Vienne ne saura pas beaucoup de gré au Gouvernement Hollandois de ces menagemens extrèmes, pendant que d'un autre coté elle n'ignore point qu'on a emploié de certains moiens pour contrecarrer ses vues. Je reconnois bien dans la manière dont le Cte Panin s'est expliqué les sentimens d'un bon Allié, comme l'Imperatrice, qui par sa fermeté se fait respecter. On prétend que la Cour de Dannemark montre également des dispositions favorables. Si nous pouvons gagner du temps, et éloigner l'election de l'archiduc, j'aime a me flatter, qu'on parviendra encore à placer sur le siége de Münster le grand et digne Prelât que mon Roi protège a si juste titre. Daignés Madame faire agréer a Mr. le B. de Fürstenberg les assurances de mon devouement, et si les efforts de mon zèle peuvent contribuer a appuier ses interèts tant dans le moment présent, que pour l'avenir ils ne seront point épargnés. Mr. de Panin s'est trompé je crois, sur le parti qu'on pourroit tirer de certain Ministère, puisque les dispositions de la Cour de Londres en faveur de celle de Vienne ne me sont que trop connues. Quant à la conduite de la cour de Versailles, il me semble qu'elle commence à s'eclaircir, conformement a ses veritables interèts, et nous ne tarderons pas j'espère à contredire haut à la main les fanfaronnades du Cte de Mercy et celles qu'on ordonne au vieux Reischach de faire ici. J'ai été desabusé à cet égard de bonne part. Nous approchons de la crise, qui doit decider si Münster sera soumis au despotisme de la cour Impériale, ou au Gouvereement doux et bienfaisant d'un Prelàt eclairé. Mon impatience égale l'ardeur de mes voeux. Je voudrois bien que le Prince de Gallitzin fùt chargé d'appuier le parti bien intentionné pour l'intervention toute puissante de l'imperatrice Sa Souveraine. Il donneroit à Munster des preuves de son savoir faire comme il a fait à la Haye. Je communiquerai Votre lettre au Prince Votre Epoux et à nôtre ami Socrate ce qui peut l'interesser. Daignés Madame la Princesse m'accorder frequemment la continuation de Votre correspondance. Elle m'est des plus utiles pour le bien de notre affaire, et je me fais une gloire d'applaudir a Vos lumières et a Votre intelligence.

J'ai l'honneur d'être avec les sentimens le plus respectueux

Madame la Princesse!

Votre très humble et très
obéissant serviteur

Thulemeier.

Von Dohm.

Ew. Durchlaucht

habe ich die Gnade hiebei die vota des Herrn Ministers vom
16. und 21., wie auch das Protokoll über den Vorgang des
Herrn v. Vinck *) zu überschicken. Da der Herr Domdechant
sich noch immer nicht wohl befindet, auch mir heute viel zu
schreiben, und um es zu thun, noch den Ausgang des heutigen
Capitels abzuwarten haben; so sind wir willens, den Freitag
nach Hamm zu reisen. Wir wollen uns bemühen, die patrio=
tische Parthei noch heute dahin zu bringen, daß sie an die
Kreißgerichtsdirectoria sich besonders wende und ihre Assistenz
implorire. Dieses würde allerdings von großer Wichtigkeit sein;
und ich hoffe, die Parthei werde sich erinnern, daß sie einmal
den Rubicon passirt habe und nun ein Fehler von Entschlos=
senheit und Muth sein würde, was vor dem Uebergang Regel
der Klugheit war. Der Rubicon, dünkt mich, muß ein Lethe
für alle Formalitäten sein.

Ew. Durchlaucht
unterthänigster Diener
Dohm.

Den 26. Juli 1780.

*) Landdrost von Vincke, osnabrückischer Vasall, Domdechant in
Preußisch Minden.

Von der Fürstin an Thulemeier.

Münster, le 20 Sept. 1780.

En consequence du desir, que Vous m'avez temoigné,
Monsieur, d'être instruit de tout ce qui sembleroit assez
important pour interesser de près ou de loin le bien public,
j'ai l'honneur de vous faire part qu'il court un bruit très
accredité à Hannovre, comme quoi vous auriez declaré par
ordre a L. L. II. H. P. P. qui S. M. P. est parfaitement
d'accord a tous egards avec l'archiduc. Ce bruit est d'un
effet assez important dans la situation actuelle des choses
pour mériter d'être dissipé, si (comme je le crois fermement), il n'est point fondé. De plus, Monsieur de Fürstenberg a reçu le 16 de ce mois au milieu de l'examen public
des écoles qu'il étoit precisement occupé de faire, une estafette avec une lettre, par laquelle l'électeur lui faisoit savoir, qu'il étoit tres satisfait et réconnoissant des services,
qu'il avoit rendu a l'état, mais que vu la situation présente
des choses il le faisait prier, de demander sa démission. —
Après avoir lu cette lettre, Mr. de F. continua l'examen des
classes, en parcourant toutes les sciences avec la même
serénité, la même présence et tranquillité de jugement, de
manière, que personne ne put se douter de la nouvelle qu'il
venoit de recevoir. Le lendemain il repondit, qu'en consé-
quence des ordres de S. A. E. il se demettoit de son ministère, qu'il se souviendroit toujours avec une reconnois-

sance respectueuse des occassions, que S. A. E. lui avoit
fourni de rendre pendant si long tems des services à l'état
et a lui et qu'il avoit l'honneur d'être — — —.

Ensuite il a écrit à celui qui lui a écrit de la part de
l'électeur, un certain conseiller privé Wenner, qui avoit
toujours été l'homme de confiance de Mr. de F. pour les
affaires de Münster à Bonn auprès de l'E., ne pouvant y
être souvent lui même — „que croyant de devoir toujours
a l'état et étant résolu, de lui consacrer sans relache ses
services, il n'auroit jamais quitté de lui même, mais puisque S. A. E. le jugeoit à propos, qu'il envoyoit ci point
la demission de son ministere, que, comme la direction des
établissements d'éducation, comme seminaires, couvents,
écoles militaires et civiles etc. ne tenoit nullement à son
ministère, mais à son vicariat, il ne s'en demettoit pas,
et qu'il seroit fort content de continuer à servir sa patrie
dans ce departement et d'autant plus que quoiqu'il entre-
voyoit, que les autres affaires pourroient aller sans lui, il
ne prevoyoit pas, que les educations pourroient se soutenir
sans ses soins, — qu'au reste par rapport à lui, il ne
pouvoit rien souhaiter de plus heureux que le répos après
une vie passée dans un travail perpetuel fort fatiguant etc."

Je ne vous dis ici, que le gros du contenu de cette
lettre, esperant vous envoyer dans la suite une copie de
tout cela. Que ne puis-je vous envoyer de même le tableau de l'homme vraiment grand dans toutes les situa-
tions que j'ai devant les yeux. — Il est si fort sans effort
avec tant de bonhommie, que le $^3/_4$ de gens passe devant
sans s'en douter et sans être arreté. Je le comparerois

volontiers à l'immense dome de l'église de St. Pierre à
Rome. Tous ceux, qui l'ont vu, m'ont dit unanimement,
qu'après avoir vu ce colosse en dehors et sans le calcul
de ses dimensions, on est toujours surpris d'être si peu
frappé de son immensité lorsqu'on se trouve en dedans;
ce qui provient de la perfection de l'harmonie prodigieuse
de ses proportions. Si jamais il pouvoit me venir une
demangeaison d'écrire, ce serait pour decrire sa vie et son
charactère, non dans la vue de faire son panegyrique, mais
pour l'utilité des hommes, parceque excepté Socrate peut
être, je ne connois pas un grand homme, qui avoit une
grandeur aussi puisée dans la nature, qui fut moins vio-
lente, moins surnaturelle et par consequent que si chacun
connoissoit de près comme moi les moyens, qui l'y ont
fait parvenir et le bonheur, qui en resulte en lui, pourroit
être plus veritablement utile aux hommes que la sienne.
Pour vous faire comprendre mon idée ou plutot pour vous
donner à vous même une petite idée de ce que je veux dire
par là, je ne vous peindrai qu'un coté de son charactère.
— Souvent j'ai vu, qu'on admiroit entr'autre en lui, de
n'entendre jamais sortir de sa bouche une plainte, un mot
injurieux etc. contre ceux, qui en opposition a ses vues, font
à sa patrie et à sa personne tout le mal qu'ils peuvent.
Il va plus loin — dans le moment même des plus mau-
vaises nouvelles, il en excuse les auteurs — et les
excuse avec succès, or voilà le grand point; car excuser nos ennemis, même dans les premiers moments des
passions mises en mouvement, est surement l'effet d'une
ame élevée, qui sent si vivement le danger d'être injuste

qu'elle se jette avec precipitation dans un excès contraire, et va souvent jusqu'a recompenser et à louer l'auteur de son mal. La sensation, qui resulte pour elle de cet effort, est surement belle; c'est celle de sa superiorité extrême sur son ennemi, mais cette sensation ôte-elle quelque chose au mepris qu'il a pour son ennemi? Loin de là elle l'accroit — je höher fie fich auf den Flügeln ihres daraus entſtehenden zwar edlen Stolzes, aber doch Stolzes emporge= ſchwungen fühlt, je niedriger muß der Gegner ihr ſcheinen und da ihr dieſes Gefühl ihrer Höhe natürlich gefallen muß, ſo kann ſich die Phantaſie gar leicht darein miſchen und dieſen Abſtand zwiſchen ihr und ihrem Feinde bis zur höchſten Täuſchung bringen. Chez Mr. de F. le càs est tout a fait différent, il a de bonne heure senti le danger de se laisser aller à la pente naturelle d'une ame (die ſo wie die ſeinige von allen Seiten geſtimmt iſt) et qui par consequent sent richement tout ce qu'elle sent — de se laisser aller dis-je — à la pente seduisante de sentir comme tableau, c'est à dire passivement, dans les sensations ou speculations scientifiques il se le permet plutôt, mais dans tout, qui est evénement de la vie il s'est habitué de ne s'en permettre la contemplation speculative qu'autant de tems précisement qu'il en falloit pour en saisir tout le contour und dann ſo= gleich zur Betrachtung der Mittel zu ſchreiten. Cette me- thode est devenue enfin habitude chez lui, en annonçant par exemple à différentes personnes, qui lui étoient attaché et au moment qu'il venoit de la recevoir la nouvelle de sa demission — les uns parloient tout de suite de l'ingratitude de l'électeur, un autre de sa vilenie, qui l'avoit engagé de

sacrifier un tel homme etc. un autre execroit Belderbusch,
un autre Metternich, un autre la cour de Vienne, d'autres
crioient que tout étoit perdu — et lui pendant ce tems
leur faisoit un tableau detaillé et parfaitement vrai de la
position des choses et des facultés naturelles des individus,
par lequel il prouvoit clair que la cour de Vienne et l'électeur après le premier pas ne pouvoit faire autrement que
de faire encore celui ci, que Metternich ne pouvoit être
coupable, que Belderbusch n'avoit ici point de tort particulier etc., que tout n'étoit pas perdu — que bien loin de là
il pourroit être peut-etre sans titre plus utile que jamais
à sa patrie, il entra dans la discussion des moyens pour
y parvenir, leur precha a tous la moderation et le zèle du
bien dans le gouvernement prochain, leur parla surtout
long tems sur la necessité d'exercer plus que jamais la
vertue domestique et l'économie et s'instruire, afin de se
rendre independant du coté de la fortune, des graces, des
amusemens — vu qu'on ne pouvoit être vraiement bon citoyen,
il parla librement quasi-prix d'avoir l'ame libre etc. il finit
par prouver que les malheurs publiques loin de decourager,
devoient accroitre le zele de tout bon citoyen. Si nous
considerons actuellement la différence de la grandeur de
celui qui par un effort s'elève au dessus de ses sennemis
ou bien de ceux qu'il a des raisons de ne pas aimer jusqu'à dire du bien d'eux et leur en faire, et de celle que
je viens de peindre nous trouverons 1° que ce qui reste
chaque fois dans l'ame du premier, c'est un mépris d'autant
plus grand, mais concentré, dont la somme totale produit
enfin un mépris plus ou moins general des hommes et un

orgueil assez considérable, deux choses, qui assurement ne
rendent ni plus heureux, ni meilleur et qui cependant exis-
tent plus ou moins dans la plupart des hommes, à qui nous ne
pouvons d'ailleurs refuser de la grandeur. Ils sont dans un
état forcé, car se vaincre et pardonner bien loin d'embellir le
coupable à nos yeux, reste en nous un signe de sa coupabilité
— und da die Summe der Particular=Empfindungen und Gesin=
nungen unserer Seelen unsern gemeinen Seelenzustand aus=
macht, il n'est pas douteux, que cette situation plus ou moins
forcée ne doive être un obstacle au bonheur et même à la
justice vis a vis des hommes. Pour Mr. de F. il ne pardonne
point, il ne fait point d'effort pour excuser les hommes vis
à vis de lui et des autres, il fait mieux, grace à sa mé-
thode, il ne permet pas au tableau du mal d'agir sur
lui assez long tems, um ihn bis zur Leidenschaft zu reizen et
l'habitude continuelle de cette marche fait qu'il voit 1°
directement le vrai et le vrai est, que rarement les
hommes sont coupables c'est à dire haïssables, si on les
considère nettement avec toutes les circonstances qui les
ont fait agir et leur facultés prises ensemble, et 2° qu'il
devient tout de suite actif, c'est à dire s'occupant de ce
qu'il y a faire des moyens de reparer ou de diminuer
le mal, ce qui le detourne absolument de la contemplation
du male lui même — ce n'est plus pour lui — qu'une
affaire. Il n'en est pas de même du bien pour celui la,
il le laisse agir sur lui de toutes les manières possibles.
— Si vous considerez à présent les suites de cette conduite, comme nous avons consideré les suites de l'autre,
c'est à dire, le resultat qui doit en rester dans son ame

c'est que 1° la pitié tout au plus, mais ni la haine, ni le mepris n'habitent son ame, 2do c'est que comme c'est en voyant toujours vrai par le soin qu'il a pris de se mettre dans ce chemin, ce n'est pas par un effort sur lui même, qu'il est juste; par consequent le sentiment, qu'il a de sa propre grandeur, ne repose pas sur un effort, qui doit toujours laisser après lui la crainte tacite: serai je aussi brave demain? il repose sur la perfection de ses rapports avec chaque être de sa creation — il ne se sent pas elevé, parceque les autres sont plus bas ou qu'il les voit tels, — mais il s'eléve porté sur un nuage formé par tous ceux qu'il elève avec lui. De tout cela nait une philanthropie naturelle, qui accroit le bonheur.

Puissiez vous sentir, Monsieur, dans cette maussade et très legère esquisse une partie de ce que je voulois vous peindre et ce que je n'aurois pas même osé esquisser, si je ne vous croyois et savois fait ainsi que mon mari et Mr. Hemsterhuys, auxquels je vous prie de communiquer la lecture de cette lettre pour remplir les interstices et lacunes immenses de mon esquisse, que je n'ai été entrainée à faire, que pour vous mieux faire comprendre d'un coté que c'est sans effort et sans monter sur des echasses, que Mr. de F. est et sera également heureux sur ou sous la roue de la fortune et de l'autre, que toutes les espèces de grandeur, utiles a étudier soigneusement, la sienne l'est peut être le plus — 1° parceque pour se la donner il a pris le chemin, qui est le plus au pouvoir de chaque homme de prendre independamment des circonstances et des facultés, 2° parceque c'est celle qui est le plus synonime avec bon-

heur, non que je veuille dire par mon 1⁰, qu'il est au pouvoir de tout homme, de se rendre egalement grand en
prenant un certain chemin donné — je sais trop ce que
la différence des facultés naturelles, celles de l'éducation et
des circonstances, ou on se trouve, met des différences
entre l'intention et le role d'un homme et d'un autre
— mais quant à la perfection relative et par consequent au bonheur relatif de chaque homme, je suis
convaincue qu'il est au pouvoir de chacun de l'obtenir par
la route que Mr. de F. a prise. Quand je des perfection et bonheur relatif, je veux dire le dégré de perfection, dont chaque être est susceptible, et ce degré doit
naturellement dépendre du degré de richesse et d'intensité
de ses facultés selon la qualité et quantité de lumières,
qu'il a acquis pendant les années, où il dependoit des
autres.

Je ne vous fais point d'excuse, Monsieur, de cette
longue lettre. Comme elle est pour 3, vous pouvez en tout
cas vous dispenser de l'ennui de la lire, mais j'ose vous
supplier la grace de me la renvoyer après l'avoir lue, en
ayant besoin. Je demande grace pour toutes les fautes et
omissions, etant dans la plus grande hâte, sans avoir le
tems de me relire seulement. Plus que jamais je vous
recommande l'affaire des 10000 écus de dedommagements
pour le chanoine Landsberg, car si les Hollandois ne s'y
disposent pas, Mr. de F. après avoir perdu ministère et
tout, se voit obligé de sacrifier encore sa prebende, pour
dedommager Landsberg. En écrivant, j'ai souvent oublié,
que ni mon mari, ni H. ne savent bien l'allemand, veuillez,

Monsieur, prendre la peine de leur lire les phrases alle-
mandes en francois, et si je suis obscure dans mes rai-
sonnements d'en demander l'explication à H., qui connoit
le mieux mon style, souvent obscure, lorsqu'il s'agit de
parler psychologiquement, vu que j'ai peu ou point lu la
dessus.

Je vous redemande en grace mon griffonage quelque
peut important qu'il soit — j'en ai besoin.

Von Thulemeier an die Fürstin.

à la Haye le 28 Sept. 1780.

J'ai recu Madame la Princesse la lettre admirable dont Vous m'avez honoré en date du 20 de ce mois. Elle m'a fait le plus grand plaisir et m'en auroit fait encore d'avantage, si la catastrophe de Mr. de Fürstenberg, dont elle fait mention, ne m'avoit vivement affecté. Je plains le pais, qui par la foiblesse du Souverain et l'esprit de vengeance du parti Autruchien est privé d'un pareil Ministre. C'est un grand homme, mais non de notre siècle, c'est dans ces epoques brillantes de l'ancienne Gréce et de Rome, qu'il faut chercher ceux, dont il est l'émule. Quelle tranquillité d'ame dans les revers, quel zèle, quel amour pour la patrie. Nous ne tarderons pas de voir éclater dans le pais que Vous habités une revolution funeste au bien être de ses habitans, trop heureux cependant de voir que les actes publiques et tous ces établissemens formés sous les auspices de Mr. de Fürstenberg continueront à etre confiés à sa direction. J'ai communiqué, Madame, selon Vos ordres Votre lettre à Mr. Hemsterhuys, et au Prince Votre Epoux. Celui ci m'a promis de Vous la faire repasser par l'ordinaire d'aujourdhui. Vous l'avouerai je, je n'ai pu resister à la tentation de la transcrire.

Vous de douterés pas Madame la Princesse après les sentimens que Vous me conuoissés par Mr. le B. de Für-

stenberg, que je n'aie consacré tous mes soins à la rentrée
des 20,000 fl., dont il reclame le paiement de la part des
Etats Généraux à si juste titre, mais Vous aurés observé
aussi par la lettre du 19 de ce mois, que les demarches
les plus pressantes de ma part ont été entièrement inutiles.

Il est vrai que les créatures de la Cour de Vienne ont
repandus, tant ici que dans l'Empire que par ordre exprés
du Roi j'avois fait au Ministère Hollandois une déclaration
en faveur de l'Archiduc. J'ai démenti cette assertion hardie
dans toutes les occasions, et les Ministres de S. M. dans
d'autres Cours, se serons indubitablement conformés aux
ordres, qui leur ont été donnés.

Je ne Vous parlerai pas du séjour que le Roi de Suède
a fait en Hollande. Mr. le Comte de Haga a été beaucoup fété. Il part aujourd'hui pour Amsterdam, et se
propose d'être dans peu de jours à Loo. Le retour dans
ses Etats par mer paroit le tenter toujours, quoique la saison
avancé soit cependant bien propre pour inspirer des appréhensions sur les dangers des courses maritimes. Il me tarde
infiniment, Madame la Princesse, de recevoir la nouvelle
du parfait retablissement de Mr. votre frère. L'habileté
du Chirurgien Major General Thede calme un peu mes
appréhensions.

J'ai l'honneur d'être avec une considération respectueuse, Madame,

Votre très humble et très obéissant serviteur

Thulemeier.

Von der Fürstin an Fürstenberg.

Ohne Datum.

Ich bitte um die philosophie rurale, um das große Werk, da ich das abregé hier nirgends finden kann und dies beschwerliche, mich sehr drückende Studium je eher je lieber beginnen muß.

Ohne Datum.

17 Prozent aus der sphärischen Trigonometrie habe ich glücklich und ohne Indigestion genossen. Nun noch ebenso viel, dann ist's geschehen. Es ist wahrhaftig Schande, daß die Professoren soviel Lärmen von dem Dinge machen. Ich glaube, sie thun es wie die egyptischen Priester, um das Volk davon entfernt zu halten und sich etwas voraus zu behalten.

Den 26. August (1786).

Die Nachricht von Friedrichs Tod frappirte mich dergestalt, daß mir ganz kalt dabei ward. Der größte König unsrer Zeiten war er immer, und es ist, als würde eine Lücke in der Welt, wenn ein großer Mann, in welcher Art es sei, aus unserm Kreise heraustritt. Als ich sein bis ans Ende getreues Bestreben überdachte, seine Königspflichten nach seinen besten Einsichten zu erfüllen, ohne Murren und Klagen, ohne Schonung seiner selbst, so fühlte ich, es könne doch diesem Manne

in diesem Gesichtspunkt in jeder andern Lebenssphäre nicht
anders als wohl ergehen. Denn waren seine Irrthümer groß
und es waren Irrthümer, so war er dafür auch König. Ach,
ein gefährliches, schlüpfriges Fahrzeug ist unbeschränkte Macht
und schon lange bete ich für Könige und Große emsiger als
für gewöhnliche Menschen, deren Versuchungen mit jenen ihren
nicht zu vergleichen sind. Gott segne und lenke Friedrich Wil=
helmen; er hat an seinen Sitten einen Feind mehr zu über=
winden als sein Vorgänger.

Münster, den 20. April 1787.

Ich bin noch hier, liebster Franz, bloß um mich zwischen
dem Jacobischen Wirrwar und meinem gewöhnlichen Hauswirr=
warr zu verschnaufen, wie Du sagst. Ich hatte bei dieser Ge=
legenheit Anlaß zu Reflexionen, wie schwer, wie ja beinahe ganz
unmöglich beständige Harmonie zwischen drei Personen, geschweige
zwischen fünf, sechs, sieben Personen u. s. w. ist. Einen ein=
zigen Abend, es war am Freitag, traf es sich, daß alles in
Harmonie und daher ein sehr vergnügtes Souper entstand, wel=
ches den Jacobi so vollkommen zufriedenstellte, daß er mich bis
in die späte Nacht nicht weglassen wollte und doch war die
Richtung der Harmonie noch die am leichtesten zu bewirkende,
nemlich le ton de la bonne plaisanterie — und Hamann
war nicht dabei — sonst war es wiederum unmöglich. Zwei
Menschen sind nur dann in der vollkommensten Harmonie, die
unter Menschen stattfinden kann, wenn sie mit gleicher
Unbefangenheit, Freiheit und Genuß neben einander sowohl
schweigen als sprechen können. Das kann aber nur da statt=

7*

finden, wo neben den Grunderfordernissen die Bekanntschaft zwischen beiden Individuen nebst allen ihren Haupt= und Neben= umständen so umfassend ist, daß einer des andern Handlungen nicht mehr zu interpretiren braucht und nichts in dem einen dem andern mehr unbegreiflich ist. Liebster Franz! Im Ganzen glaube ich noch immer, daß dieses Verhältniß zwischen wenigen auf unserm Erdboden so nahe eintrifft als zwischen uns. Gott gebe ihm Wachsthum für die Ewigkeit! denn hierin ist Vieles mit begriffen.

Den 5. Mai 1787.

Dein Rath, immer vor Augen zu haben, daß wir ohne Gottes Gnade nichts und mit seiner Gnade alles vermögen, ist meines Erachtens unwidersprechlich und allgemein gut. Allein der, unsere Sünden immer vor Augen zu haben, scheint mir nicht zu allen Zeiten gut. Wem seine Sünden durch imme= diate innere Disharmonie zusetzen, der bedarf es mehr, auf die Liebe und Nachsicht Gottes als auf diese seine Sünden seine willführliche Achtsamkeit zu richten, wenn er nicht in träge Hypochondrie verfallen will.

Den 2. August 1787.

Die Socratischen Denkwürdigkeiten von Hamann hätte ich gerne wieder, wenn Du sie nicht etwa gebrauchst, denn ich kann mir sie insonderheit mit seinen Noten nicht gut wieder verschaffen.

Den 8. Dezember 1787.

Es ist wahr, lieber Franz, ich hätte wohl auf's Gerathe=

wohl einen Brief an Dich am Mittwoch fortschiden können;
allein Du sagtest so positiv vor Deiner Abreise am Donnerstag
(wie mich wenigstens dünkt), daß ich gar auf Dein Ausbleiben
nicht gerechnet habe, und die Zeit, wo ich etwas thun kann,
ist, weiß Gott, so unbeschreiblich, beinahe unglaublich knapp bei
mir, daß ich immer eine Art von Aengstlichkeit bei einer Beschäftigung fühle, von welcher ich im Zweifel stehe, ob sie nicht
überflüssig sein werde. Ich sage nicht, daß das gut sei, mit
dem Glauben müßte auch die christliche Freiheit wachsen und
groß und edel fand ich letzt ein Apophthegm, welches dem
Hamann zu Angelmodde bei einem Streit mit Buchholz entfuhr. „Wenn ich säe (sagte er), so bleibe ich nicht stehen zu
horchen und zuzusehen, ob es auch wächst — nein, ich säe,
gehe meiner Wege und säe weiter. Gott überlasse ich das
Wachsen und Gedeihen." Viel edler, weil über meine wach-
same Sorglichkeit, finde ich diese Art zu sein, aber ich kann
so noch nicht sein. Gott will mich vermuthlich noch eine Weile
auf meinen kleinlichern dornigtern Pfad, zu meiner Reinigung
führen.

Ich danke Dir, lieber Franz, für die Mittheilung Deiner
schönen lehrreichen Selbstgespräche. Einige darunter kann ich
nicht so gut als das Uebrige begreifen. „Der Mensch," sagst
Du, ex. gratia, „der im Grunde seines Herzens nur auf Gottes
Kraft traut, aber in einzelnen Fällen, aus Vergessenheit, im
Vertrauen auf seine Kraft handelt, wird Disharmonie fühlen."
D'accord. Das ist ganz gewiß. Aber nun fährst Du fort:
„auch wenn er gut gehandelt hat und es sich selbst zuschreiben
möchte." Das letztere ist es, wovon ich nicht so gut begreife,
daß es geschehen könne. Ein solcher Mensch, wie Du ihn oben

angibst, kann aus Vergessenheit freilich künstliche Anstalten treffen,
die ein tacite Vertrauen auf diese seine Anstalten voraussetzen,
ein Fall, der einigermaßen dem Kinde ähnlich ist, das an der
Hand eines Führers, auf den es auch gänzlich vertrauet, zwar
unbesorgt und sicher geht, aber dennoch das verfallene Geländer,
wenn er's erblickt, ohnerachtet es baufällig aussieht, immer gern
noch dabei ergreifen will, und freilich zeugt das von Unglauben
im dunklen Feld der Seele; allein daß, wenn die Handlung
reussirt hat, dieser Mensch sich selbige gern zuschreiben möchte,
fühle ich nicht so gut mit. Denn dieser Fall setzt Bewußtsein
voraus, und mit Bewußtsein kann, es dünkt mich, der Mensch,
der durch Selbstbeobachtung zur Ueberzeugung seiner beständigen
Abhängigkeit von der Gnade gelangt ist, nicht wohl dahin zu
bringen, sich allein etwas zuzuschreiben. Zweitens glaube ich
auch nicht, daß dieser mit Bewußtsein wünschen oder wollen
könnte, daß er aus seinen Kräften handele, — indem er
durch Erfüllung eines solchen Wunsches mit einem Male so arm
werden würde, als er eingeschränkt ist, da er, ohne diese, so
reich ist als er empfänglich und Gott mächtig ist... Ich habe
nicht weiter Zeit. Gott sei mit uns!

Den 7. Juli 1788.

Folgendes ward mir und ist mir sehr hell, daß es eine
gewisse Seite in Dir gibt, die mir von je her und nach meinen
gegenwärtigen Gesinnungen mehr als jemals anstößig ist, die
sich im Ganzen bei Dir sehr verändert hat, die aber gewöhnlich
wieder in Vorschein kommt, wenn Fremde, insbesondere Gelehrte
oder sonst berühmte Leute sich um Dich her befinden. Es ist

eine gewisse philosophische Koketterie, die ich besser fühlen als
beschreiben kann. Sie gebiert eine gewisse Zudringlichkeit des
Verstandes, ein Selbstwohlgefallen unsrer Superiorität in den
kleinsten, für einen Mann wie Du, unbedeutendsten Dingen,
eine Vertheidigens= und Erklärungssucht — kurz, eine feuer=
werksartige Activität, die der einfältigen, still erhabnen, so un=
abhängigen christlichen Größe so ganz zuwider ist. Ich bin
unendlich weiter von dieser heiligen Stimmung der Fähigkeit
selbst noch entfernt, als Du, liebster Franz; aber in keinem
Zeitpunkt meines ganzen Lebens habe ich die göttliche Gestalt
so lebhaft und fest in's Auge gefaßt, als in dieser für mich
ewig merkwürdigen Epoche meines Lebens. Wäre sie mehr in
mir, so würde ich selbst das, was ihr widerspricht, ganz
anders tragen oder so zu rügen wissen, daß Liebe darin Liebe
und die schöne Gestalt selbst erkennen würde. Aber weil sie
nicht sowohl in als vor mir steht, so bin ich wie das Kind,
das den Mond erhaschen will, sich härmt und grämt, daß
man ihn ihm nicht darreicht; ich kann eine andere Gestalt, am
wenigsten an Dir, als mit welchem jene schöne Gestalt in
meiner Empfindung und Vorstellung am natürlichsten und habi=
tuellsten zusammentrifft, neben ihr nicht ausstehen.

Siehe, Liebster, so wird meine Stimmung gegen Dich
Ungeduld, gegen Hemsterhuys, der weit mehr abweicht, bei
weitem so nicht, meine Stimmung gegen ihn ist mehr negativ;
ich bedarf seiner ebenso wenig als eines schönen Gemäldes, —
ist es vor mir, so genieße ich's als eine angenehme mit meinen
habituellen Bedürfnissen heterogene Zerstreuung, oder aus ihm
einzelne Materialien zu ganz verschiedenartigen Zusammensetzungen
zu schöpfen — lange hinter einander kann ich ihn nicht einmal

genießen — gegen den allerheterogensten — den P. empfinde
ich gar kein Atom von dergleichen Unwillen, er trifft mit dieser
Reihe von Gedanken und Empfindungen so wenig zusammen
als ein Capuziner mit einem Cometen.

Ohne Datum.

Ich bin von meinem gestrigen Tag, den ich ganz mit
Schatten der Schatten, d. i. mit Logik und Metaphysik zuge=
bracht habe, so stumpf, dürre, trocken und zusammengezogen,
daß ich mich heute mit gar nichts thun beschäftigen muß.

Den 24. Dezember 1788.

Es scheint mir eine übertriebene Prätension von Klugheit
an uns selbst immer den Grad unsrer Weisheit und Reinheit
messen zu wollen. Der Mensch soll ja nicht wissen, ob er der
Liebe oder des Hasses werth ist und das ist überaus weise, denn
er kann keins von beiden ohne Vermessenheit beurtheilen und
ohne Uebermuth oder Kleinmüthigkeit tragen. Wir sind, dünkt
mich, gemacht zum Streben, stückweise den Willen unsers Vaters
im Himmel zu thun; das zu viel Planmachen wird geboren
von und gebiert Eigendünkel, Stolz, und oft, sehr oft eine
falsche Zufriedenheit mit dem Plane. Grade in diesem beschwer=
lichern aber sichern Weg des beständigen stückweisen Strebens
scheint mir das Kreuz zu bestehen, was wir auf uns nehmen
sollen, mit dem Versprechen der Krone für den, der bis aus
Ende beharrt.

Den 7. Januar 1789.

Ich lese nun die Bibel in der Lateinischen Version. Das macht mich achtsamer. Denn es ist wirklich wahr, wie man eine sonst reichhaltige Materie, die man schon oft gelesen hat, in einer andern Sprache lieset, so frappirt einen manches auch wieder nicht allein von einer neuen, sondern auch von einer ganz andern Seite.

Hamburg, den 22. Juni 1793. 3 Uhr Nachmittags.

Liebster Franz! Um 1 Uhr hier angelangt, die letzte Post=station (um ausgeruhet anzulangen) zu Wagen, wohl, nur etwas müde noch — gespeiset hier im Wirthshaus, unsern Koffer von der Post zu holen und nun geht die Caravane nach Wands=beck, wo wir denken, 8 bis 10 Tage Halt zu machen. Mache doch, liebster Franz, daß ich nicht dieser Reise wegen bei Serent und andern ehrlichen Leuten für eine Närrin gehalten werde. Du weißt es ja am besten, daß ich dieses als ein Opfer, welches ich meiner Gesundheit auf den Ausspruch des Arztes *) bringen zu müssen glaubte und mit Widerwillen gebracht habe. Gewiß hat diese Art zu reisen meinem untern Menschen nicht gefallen. Ich habe ohnehin so viele Seiten an mir, qui prêtent au rien.

Wandsbeck, den 2. Juli 1793.

Es ist heute der dritte Tag, daß wir hier sind; ich bin

---

*) Der Arzt hatte ihre Krankheit für eine Schwächung des Gehirns erklärt, welche, wenn nicht jegliche Anstrengung, die solche herbeigeführt, vermieden würde, unheilbar werden könne.

völlig ausgeruht, aber ich fühle es, daß nun die Bewegung zu
plötzlich aufgehört hat und würde vor lauter Ruhe krank werden,
wenn sie nicht bald wieder erfolgte. Gestern war es nicht wohl
möglich, weil wir bei Schimmelmanns, wo Julie Reventlau, die
Freundin aller guten Freunde, sich jetzt aufhält, und uns gerne
haben wollte, speisen mußten. So geht's uns auch heute noch;
aber morgen denken wir auf Visiten nach Hamburg auszugehen
zu Büsch und Klopstock unter andern, um nicht wieder mit
Schimpf und Schande zu bestehen, wenn wir zurückkämen und
gestehen müßten, wir hätten Hamburgs Kleinode nicht gesehen.

Wir hatten hier das unerwartete Glück, eine katholische
Capelle mit einem Weltgeistlichen, der sie aus seinen Mitteln
unterhält (da die Gemeinde nur aus 20 Personen besteht),
anzutreffen.

Hier wo wir sind und hinkommen, ist Gott und sogar
Jesus Christus noch nicht aus der Mode. Wir kommen eben
aus der Morgenandacht, die Claudius mit seinen neun Kindern
vor dem Frühstück hielt. Es rührte mich sehr die einfältige
fromme Form derselben. Erst wird ein Kapitel in dem neuen
Testament gelesen, jeder à son tour einige Verse, dann liest
der Vater einen Morgengesang, steht auf, betet das Vaterunser
vor, dann betet jedes Kind vom ältesten bis zum kleinsten fünf=
jährigen ein jedes ein seinem Alter angemessenes Gebet. Dann
kommt das Frühstück. —

Wandsbeck, den 28. Juli 1793.

Liebster Franz!

Meine Augenkrämpfe ausgenommen, die etwas stärker ge=
worden sind (welches ich theils der Fatigue einer beständig sehr

lebhaften Unterhaltung, theils einer Schlafstube zuschreibe, in welcher es unmöglich ist, sich der Wirkung des Lichts zu ent= ziehen) geht es mir besser als zu Münster. Wir reisen diese Nacht von hier nach Eutin, wo ich der Uniformität des Genusses und des bessern Nachtquartiers wegen, was uns vermuthlich dort erwartet, mehr Ruhe und mithin auch Besserung meiner Augen hoffe.

Von Klopstock, den ich zweimal gesehen und dergleichen werde mündlichen Rapport abstatten, weil meine Augen Schonung sehr bedürfen. Menschengenuß habe ich hier wirklich und freue mich dennoch wie gewöhnlich, nachdem ich meiner Gesundheit das schuldige Opfer werde gebracht haben, nach Hause, wo ich dann den besten Genuß finde und alle Art von zufällig hinzu= kommendem erst recht zu digeriren pflege. Dich werde ich wohl nicht mehr treffen, liebster Franz. Darum rede ich von diesem starken Attractions=Centrum nicht.

Was mir hier besonders wohl thut, ist die Innigkeit, mit welcher so viele hier und hier herum (nicht zu Hamburg) nicht allein Gott, sondern sogar Jesum Christum bekennen und im Herzen zu tragen scheinen.

P. S. Klopstock hat mir gestern für ganz gewiß gesagt, daß la Fayette durch Gleims Vermittlung jetzt besser behandelt wird, es werden ihm Bücher und Spazieren zugelassen.

Eutin, den 30. Julius.

Wir sind seit vorgestern Abend hier. Die Einrichtung der dänischen Posten ist so vortrefflich, daß wir die 22 Stunden von Wandsbeck hieher in 16 Stunden, den Aufenthalt von zwei

Stunden, die eine zum Frühstück, die andere, um in Segeberg
den Kaltberg zu besehen und etwas zu Mittag zu essen, mit
eingerechnet, auf einem sogenannten Stellwagen abgemacht haben.
Mein Bedürfniß an einen Ort zu kommen, wo ich einmal ein
ordentliches Lager und mehr Ruhe zu finden hoffte, war Ursache,
daß ich mich nicht entschließen konnte, noch diese Reise zu Fuß
zu machen und obgleich das Schütteln und Stoßen dieser Art
Wagen meinen Umständen nicht günstig war und mich sehr
satigurte, so haben doch die Gemächlichkeiten, die ich bei Stolberg, wo wir wohnen,[1] gefunden haben, diesen Nachtheil schon
jetzt reichlich ersetzt. Wie sehr ich der Ruhe bedurfte, zeigte
sich gleich die erste Nacht, da ich zum erstenmal mit wahrer
Gierigkeit von 1 Uhr ungefähr in der Nacht bis Morgens 8 Uhr
schlief und als ich endlich erwachte, meine Müdigkeit zu einem
Grade fühlte, der mich zwang bis 1 Uhr Mittags im Bett
zu bleiben, wo ich per interval immer wieder einschlummerte.
Nie habe ich es so gefühlt, was die Bitte um's tägliche Brod
auch in Rücksicht der vergänglichen Dinge, wenn es absolute
Bedürfnisse sind, heiße. Ich dachte sonst wohl mir bei dieser
Bitte an das Brod des Geistes, aber gestern erfüllte sich meine
Seele zum ersten Mal mit Dank auch für das Brod des Leibes
in jedem Zwischenraum des Erwachens, als ich in meinem ge-
mächlichen Lager und in einer meinen immer noch schlimmen
Augen so wohl thuenden finstern Stube jedesmal meine krampfhaften Nerven mehr auseinander gehen und als wäre es Balsam
mir durch alle Glieder fließen fühlte.

Es ist auch überhaupt hier für mich mehr Harmonie in
der größern Uniformität des Menschengenusses als zu Wandsbeck,
wo mich einer dem andern wie einen Ballon zuwarf von 7 Uhr

Morgens bis in die Nacht hinein und ich dann in unserm
sehr elenden Quartier keine Ruhe fand. Etwas meine Schuld
ist es freilich. Claudius und Schimmelmanns wollten uns gern
beherbergen; aber von Claudius konnte ich mich seiner engen
Umstände wegen nicht entschließen es anzunehmen, es ist auch
eben deswegen, da 9 Kinder im Hause sind, sehr unruhig darin,
und bei Schimmelmanns ging mir's zu groß daher. Hätte ich
aber vorgesehen, daß ich bei der trefflichen Julie Reventlau der
Tochter des Hauses doch so viele Zeit, halb durch sie und
Claudius, halb durch meine eigne Neigung gezwungen, hätte
zubringen müssen, — NB. im Wirthshaus war es unmöglich,
uns, wie sie wünschte, allein zu sehen — und daß die wenigen
Matrazen u. dergl., die wir im Wirthshaus hatten, doch Wohl=
thaten aus diesem Hause wären, so hätte ich das Quartier da=
selbst gewiß angenommen.

In dieser Familie, lieber Franz, ist mir an Leib und
Seele zugleich wohl. Nur mit meinen armen Augen geht es in
Rücksicht der krampfhaften Zusammenziehungen eher schlimmer
als besser.

Jesus Christus, den ich gottlob auch hier aus jedem mir
hörbaren Munde preisen höre, sei unser Vereinigungs=Centrum
in Ewigkeit! Amen.

Eutin, den 7. August 1793.

Mit meinen Augen geht es seit zwei Tagen, da ich endlich
zu der Kraft gelangt bin in Rücksicht des später zu Bett Gehens
durchzudringen und früher zur Ruhe zu gelangen, etwas besser.
Was unsre Lebensweise, verschiedene Menschen und andere Dinge
betrifft, behalte ich mir vor, dir mündlich zu sagen, um meine

Augen zu schonen, und weil es äußerst schwer ist, hier auch nur etwas Besinnungszeit zu erhaschen, daß ich mir mit Noth einige kleine Zeiträume zu dem absoluten Bedürfniß der Meditation erringe.

Befürchte jedoch nicht, daß der unverdiente Werth, den man hier auf meine Gegenwart legt, mich noch mehr verderbe als ich es bin. Gott hat es gefügt, daß dieser Werth in der That so übertrieben ist, so alles übersteigt, was meine nicht geringe Eigenliebe in ihren schwülstigsten Phantasien sich von mir und über mich dichtet, daß mir dünkt, sie könnte ohne von Sinnen zu kommen, davon nicht einmal angefochten werden. Es fiel mir aber bei, daß Gott dieses Blendwerk zuläßt, um mancher guten Seele und Stolbergs Gesundheit, die es bedurfte, dadurch zugleich als der meinigen gut zu thun.

Ueber Polen ist, so weit sich meine Nachrichten erstrecken, nur eine Stimme. Büsch sagte sogar, es ließe sich nicht einmal darüber reden, weil in dieser Sache nicht einmal, wie in tausend andern, ein pro und contra gedenkbar ist.

Eutin, den 10. August 1793.

Die Liebe, mit welcher ich hier wie ein Kind im Mutter= schooß getragen werde, scheint auf meine Gesundheit sehr vor= theilhaft zu wirken, sogar die Augenkrämpfe mindern sich.

Ich habe auch die Bekanntschaft eines Arztes hier gemacht, der mir außerordentlich wohl gefällt. Es ist Henseler, Professor der Medizin in Kiel. Einen so psychologischen, philantropisch= theosophischen Arzt habe ich noch nie gesehen. Seine Art aus= zufragen schon flößet Vertrauen ein. Er steht auch hier im ganzen Holsteinschen und Dänischen in großem Ruf von Seite seiner medizinischen Kenntnisse und Praxis.

Ehe deine Antwort auf Stolbergs Brief kommt, werden wir hier gewiß nicht weggelassen und meiner Neigung ist dieser Zwang eben nicht zuwider; wenn ich nur nicht riskirte, an das geliebt und getragen zu werden mich zu sehr zu gewöhnen. Ich bliebe gerne noch länger, erhalte mich jedoch auch soviel ich kann, in dem Zustand, mit Zufriedenheit abzubrechen, wenn es Gott gefällt, das heißt, sobald die Umstände es erfordern.

Ich bringe Dir ein Stück von Göthe mit, den Bürger= general, welches auch Dir ein Lächeln abgewinnen wird, ich habe es hier von ihm erhalten, Stolberg las es uns gestern Abend zu allgemeinem Vergnügen vor.

Eutin, den 16. August 1793.

Das Jammern über unsre Abreise, die Deiner Antwort sehr schnell folgen mußte, wenn wir Deiner wahrscheinlichen Intention gemäß am Anfange September in Münster eintreffen wollten, war so groß, der reelle oder eingebildete Nutzen unsers langen Bleibens so verführerisch auffallend, vielleicht mein Herz so schwach, daß ich um diesen Forderungen und den Deinigen zugleich genug zu thun, den Entschluß gefaßt habe die Rückreise auf einem sogenannten Stellwagen, auf welchem die ganze Ca ravane Platz hat und den ich hier taufen kann, abzumachen. Dadurch gewinnen wir der Zeit 8 bis 10 Tage ab, die wir, unbeschadet unsrer Ankunft in Münster zur bestimmten Zeit, diesen Lieben hier schenken können. Wir reisen nun den 30.

von hier ab und können dann, wenn wir uns nirgends aufhalten, den 6. spätestens in Münster sein. Mit meiner Gesundheit geht's viel besser, im Ganzen auch mit den Augen, und würde gewiß besser noch gehen, wenn ich nur der Nothwendigkeit entgehen könnte, den ganzen Tag von früh 8 vel 9 Uhr an zu reden und zu hören. Du würdest wie Alexander den Knoten zerschnei= den und wirst auch eben darum kein Mitgefühl mit dieser Pein in mir haben; aber ich bin Alexander nicht. Dazu kömmt noch, daß ich im Grunde hier so gern höre und rede.

Die zwei Packete aus Amerika*) enthalten beide eben wenig tröstliches und eine gleiche Masse von trivialen Dingen, Andäch= teleien und commerage, sind beide weit unter dem letzten, das ankam, als der Vater in Münster war. Es scheint, daß man jetzt gar dahin gelangt ist, ihm die Briefe seiner Mutter ver= dächtig zu machen, denn er bittet mich ihm künftig auf Französisch zu schreiben, (eine Sache, die ihm sonst fatal war) damit sein Beichtvater sie lesen könne. Nun Gott weiß alles zum Besten zu leiten, wenn nur wir wissen seine Leitung zu dulden, anstatt wie die Kinder die gepflanzte Frucht im Samen zu zerstören à force d'observer les progrès. Ach wie leicht würde Erge= benheit uns sein, wenn nicht eigne Fehler der Grund unsrer meisten unangenehmen Schicksale wären!

                              Eutin, den 25. August 1793.

Heute, liebster Franz, werde ich Dir wohl zum letzten mal

---

*) Von ihrem Sohne, welcher ohne ihren Willen in ein bischöfliches Seminar zu Baltimore getreten war.

von hier schreiben. Gerne kehre ich wieder in den engern be=
schränktern äußern Wirkungs= und Absperrungskreis zurück, welchen
Gott, wie mir scheint, zu der vielfältigen Reinigung, deren ich
bedarf, seit einigen Jahren um mich her geschlossen hat, aus
einem Kreise, worin ich mehreren unaussprechlich Liebenden und
auch Geliebten, mit einer mir nach jenen Erfahrungen ganz
neuen Leichtigkeit so unbegreiflich wohlthue, daß auch jede
entfernte Versuchung von Anmaaßung dabei scheitern muß. Die
Erfahrung, wie gern ich dennoch zurückkehre in mein Spinnen=
Geweb ist mir dabei das liebste. Doch hat mich die sanfte
Harmonie dieser kleinen Zauberscenen auf meine und auf Stol=
bergs Gesundheit so wohlthätig gewirkt, daß ich auch in dieser
Rücksicht als eine Fügung Gottes dankbar zurückblicken kann,
wenn ich die erhaltene Besserung nur gut anwende und nicht
durch böse und verkehrte Nachspiele wieder verscherze.

Könnte ich dadurch einst noch wieder so glücklich werden,
Dir, liebster Franz, wohlzuthun, so wird das Andenken dieser
Zeit mir mehrfach gesegnet. Einiges sehr gute scheint mir auf
jeden Fall davon zurückzubleiben für den Schatz des Unverwes=
lichen.

Der Arzt Henseler, der zum zweiten mal gestern und heute
aus Kiel hier war, gefällt mir immer besser. Ich werde münd=
lich mehr von ihm sagen. Hoffmann's *) Theorie wird von ihm

---

*) Als practischer Arzt von ausgezeichnetem Rufe, lebte mehrere
Jahre in enger Verbindung mit Fürstenberg, entwarf unter dessen Leitung
die Münster'sche Medizinalordnung, die erste und vorzüglichste ihrer Art
in Deutschland, und ging später nach Mainz als Chef des Medicinal
wesens und Leibarzt.

8

hoch in Ehren gehalten und über Diätetik aller Art denkt er ganz wie Du. Stolbergs grüßen von ganzem Herzen. Die Wöchnerin befindet sich wohl, die Caravane legt sich Dir zu Füßen und ich zum allernächsten daran.

Daß doch Jesus Christus in uns lebendig werden möge!

An Katerkamp.

Münster, den 30. Mai 1794.

Ich danke Ihnen aus vollem Herzen, lieber K., daß Sie auch bei den zerstreuenden Beschäftigungen der Reise meiner nicht vergaßen und schon unterwegs, auch gleich nach Ihrer Ankunft zu Wandsbeck mir Nachricht gaben von sich und meinen lieben Kindern.

Ihre schwache Seite, lieber K., kenne ich zwar nicht, bin aber doch überzeugt, daß Sie als Mensch eine haben müssen. Dieser Ueberzeugung zufolge habe ich mich über die Nachricht, daß Sie auf die Spur derselben gekommen sind, im Geist erfreut, weil ich von Gottes überaus großen Freundlichkeit den festen Glauben hege, daß Er in denen, die gutes Willens und Sein sind, nie ein neues Licht aufsteckt, ohne daß Er sie zugleich mit der Gnadenkraft dem Licht nachzugehen und das Ziel, das er Ihnen hell macht, zu erreichen, bekleidet; und von Ihrer schönen reinen Betriebsamkeit alles gute betreffend, daß Sie zu denen, die Christus verwirft, daß sie sich eine kleine Weile bei dem Licht erfreuten ohne es weiter zu benützen, nie gehörten und nie gehören werden. Hemsterhuys hat mir oft gesagt, er wüßte kein so schlechtes Buch, aus welchem (wenn es ihm in die Hände gefallen wäre) er nicht einigen Nutzen, einige neue Gedanken zu schöpfen gewußt hätte. So wie der gute Verstand, so hat auch der gute Wille sein genialisches. In diesem Sinn kann ich recht

H *

gut begreifen, daß auch der Umgang mit mir für Sie nicht ganz
ohne Nutzen bleiben konnte, und danke Gott um so mehr dafür,
da ich in dieser Rücksicht in der That Ihre und der guten
Drosten Schuldnerin in großem Maaße bin.

Zu all Ihrer Liebe wollen Sie allerseits auch die Nachsicht
hinzufügen, daß Sie die meinige weder nach der Zahl noch nach
der Länge der Briefe beurtheilen und mir nicht gleiches mit glei-
chem vergelten: denn mein Kopf ist vom langen Leiden und
Schlaflosigkeit so erschöpft, daß mich eine Seite jetzt mehr Zeit
und Mühe kostet, als sonst sechse.

Doch will ich auch hiemit nicht zudringliche Forderungen
an Sie und meine lieben Kinder thun, vielmehr versichern,
daß so lieb und werth mir Ihre Briefe sind, so unangenehm
würde mir's sein, wenn Sie mir auch einen einzigen mit Aufopferung irgend eines Genusses schrieben oder verlängerten. Ich
werde mit Zunahme meiner Kräfte nach der Reihe zu antworten
suchen. Franz *) und Ihnen war ich die erste Antwort um so
schuldiger, da sie mich nicht allein unterwegs, sondern gleich nach
hier Antwort über unsern Caspar **) beruhigt haben. Gott
sei mit Ihnen!

*) Franz Freiherr von Droste (Domcapitular).
**) Caspar Mar Freiherr von Droste (Bischof).

Von Sprickmann. *)

Gott sei mit Ihnen, l. E., und gebe Ihnen Tage, wie meine besten Stunden diese letzten Tage hindurch gewesen sind! ich habe Stunden gehabt — ach! daß ich Ihnen das so sagen könnte! Stunden so reinen herzlichen Genusses meiner selbst und meiner Verhältnisse, meines eigentlichen, meines ganzen Ich's! ich gehe mit Zuversicht der Zukunft entgegen! Selbst diese unsere Trennung — auch von ihr hoffe ich; auch in ihr glaub' ich Gutes für uns zu fühlen; ich habe mich über so manches tief befühlt; und blicke nur dem Wiedersehen — ach dem Wiedersehen! mit so vielem Muthe, mit so großer Hoffnung entgegen! Gewiß A! gewiß! gewiß!

Die Geschichte hat mir auch in dieser Zeit wieder Freude gemacht. Mich quält das lange, das zu beobachten, was Vermischung verschiedener Sitten, Denkarten, Verfassung, Nationalgeist bei Völkern gewirkt hat. Die deutsche Geschichte ist hierin unter den übrigen Theilen der Europäischen oder neuen Geschichte die einfachste, die Spanische die verwickeltste; ich dachte also neben

---

*) Hainbundgenosse, entwarf nach Fürstenberg's Ideen dessen berühmte Schulordnung. Von seinen Bühnenstücken wurde „Eulalia" am bekanntesten und „der Schmuck" errang den von der Direction des Wiener Hoftheaters ausgesetzten Preis. Als Professor zu Breslau und Berlin verfaßte er eine noch nicht gedruckte deutsche Reichs= und Rechtsgeschichte in 8 Bänden.

her ein wenig von der Spanischen Geschichte zu lesen, kam dann
bald auf den Einbruch der Saracenen und um das Volk zu
kennen, ging ich auf die Arabische Geschichte zurück. — Liebe,
was für eine Geschichte! interessanteres für mich hab ich wenig
gelesen! Mohammeds erste Nachfolger, welche Leute! — welch eine
neue Welt für mich. Wie viele — ich sage nicht, Dank Ihnen,
große Leute, aber wie viele Theile der Größe in vielen dieser
Menschen. Eben habe ich das Leben Ali's ausgelesen. Ein
Paar Sprüche von ihm muß ich doch abschreiben. — Das Licht
deines Herzens, sagt er, ist ein Gebet in der Dunkelheit der
Nacht! — Die Zunge des Weisen liegt hinter seinem Herzen:
das Herz des Thoren liegt hinter seiner Zunge. — Wahrheit
ist die Uebereinstimmung der Rede mit dem Endzwecke, zu dem
Gott dem Menschen Rede gab. — Sich von Begierde zurückhalten,
das ist der größte heilige Krieg.

Das sind freilich nur Sprüche! aber so ist der Mann auch
im Thun und Handeln, — und doch lange noch kein Abubekar,
kein Omar.

Wie bald kehren Sie denn zurück? ich höre ja nichts! keine
kleine Zeile! aber Sie konnten auch wohl noch nicht? und die
größere Hälfte der trennenden Zeit ist doch schon vorüber.

Ich habe auch noch großen Genuß an Homer! Das Ge=
mälde der ersten Menschheit bereichert sich in mir täglich.

Adieu, l. Einzige! E.! ach kommen Sie bald, bald! Ha=
ben Sie Klopstocks Oden bei sich? o lesen Sie die Ode S.
167. - Zuweilen bin ich auch so glücklich! aber ich weiß so
ganz nicht, wo Sie sind, kenne die Oerter nicht, die Menschen
nicht, die Geschäfte, die Art zu leben nicht: kann mir nicht sa=
gen — nun wandelt sie da — nun da, wo ich mit ihr war,

in jener gefühltesten genossensten Stunde! — und sie wird sich
ihrer wieder erinnert haben: unsere Gedanken treffen zusammen!
— es ist nicht so, daß ich weiß, in der Stunde des Dranges
und der Noth kann ich doch hin! —

Adieu! E. — die Abende sind mir noch die werthesten, da
sind ich Sie am Monde und bei den Sternen! Zwar in meinen
besten Stunden brauch ich die ganze Welt nicht! Da sind Sie
mir Sie! und da hab ich Sie in jedem Gefühle, jedem Ge=
danken ganz und rein! aber es kommen dann wieder Stunden,
wo meine Flügel gelähmt sind, und wo ich haben muß, worauf
ich stehe, woran ich mich halte.

Gott, Gott mit Ihnen! mit uns! ich grüße Mimi und
Mitri mit ganzem Herzen! Ach, ich mögte so oft zu Ihnen
hin, und Sie nur fragen mit einem Blicke, wie ist's Ihnen von
dieser Reise?

Haben Sie in der Suite des Großfürsten Klinger bemerkt?
ich halte ihn nach Göthe für unsern besten dramatischen Dichter.

Ohne Datum.

Daß ich versprochen hatte, am Sonnabend zu kommen und
zwei Propositionen zu lernen — in Wahrheit, ich besinne mich
deß nicht; wohl daß ich gesagt habe, ein andermal zwei Propo=
sitionen lernen zu wollen! — sonst würd' ich gewiß geschickt und
mich entschuldigt haben. War's ein Fehler meiner Erinnerung,
so hatt ich Unrecht und bitte, was mir allein übrig bleibt, um
Verzeihung!

Daß ich mit Freude, mit herzlicher Freude von Ihnen lerne, bezeugt mir mein Herz ohne Widerspruch. Aber lehren?

L. A. bei Ihrer Ueberlegenheit überall, im Moralischen und Intellectuellen, wo ich mich bei jedem Vergleich so klein fühle, nicht heran kann, in mancher trüben Stunde mit Zweifel und Selbstverachtung gerungen habe, wenn ich dachte, daß unser Verhältniß doch eine Art von Gleichheit forderte! Lehren! Das einzige armselige Latein, das ich voraus hatte und dann doch nicht einmal so besaß, wie Sie es wünschen mußten! Nein, A. mein Platz ist nicht neben Ihnen, er ist zu Ihren Füßen, daß ich zu Ihnen hinaufblicke, hinauf strebe, in Gedanken an Sie lebe, in diesem Gedanken mich meines Fortgangs freue, wenn ich fortgehe, mich strafe, mich hebe, wenn ich sinke.

Ohne Datum.

Ich danke Ihnen, l. A., ich danke Ihnen, ich danke Gott nein, ich habe den Ausdruck nicht für das, was ich Ihnen sagen mögte, ich wüßte nicht, was mir könnte gegeben werden in diesem Augenblick! was mir sein könnte, was mir Ihr Brief ist. L. L. L. ich knie vor Ihnen hin in Gedanken! und danke Ihnen und danke Gott!

Bewahre mich Gott dafür, daß ich Göthens That*) in meinem Herzen jemals natürlich finde! — ich kann mir nur leicht vorstellen, wie Göthe, das heißt, wie ein Mensch, der sich's zum

*) Bezieht sich wohl darauf, daß Göthe im Jahre 1779 in Ettersburg in lustiger Gesellschaft aus Jacobi's Woldemar einiges vorlas und eine Spottrede gegen das Buch hielt, worauf dasselbe mit den Ecken des Deckels an eine Eiche genagelt wurde.

Grundsatz gemacht hat, jeder Laune jedes Augenblicks, wie sie aufwallt, zu folgen, der nie über sich wacht, keine Herrschaft über sich hat, weil er keine hat haben wollen und so immer tiefer in Sclaverei seiner Sinnlichkeit oder Phantasie herabgesunken ist, — wie so ein Mensch so was thun konnte! und daß daher bei ihm, wie Sie mir aus dem Herzen schreiben, sein Betragen gegen Jacobi von einer minder schlechten Seite kann betrachtet werden, als von der Seite eines kaltblütigen boshaften Vorsatzes, ihn zu beschimpfen. Und nun muß ich noch eins hinzusetzen, um in diesem Punkt nichts auf dem Herzen zu behalten, um Ihnen mit offener Aufrichtigkeit von dieser Seite alles zu sagen.

Ich setze voraus: es war von Göthe That eines Augenblicks, — nicht prämeditirte That; denn sonst gebe ich freilich alles auf!

Da dünkt mich dieses:

Ein Mann wie Jacobi, der Göthe kannte, so ganz gefaßt und dargestellt hat in seinem Allwill, und der diesen - - diesen Göthe dennoch liebte, sich von ihm seinen Busenfreund nennen ließ, ihn wieder so nannte (das hat er wenigstens bei mir gethan, nachdem Allwill schon gedruckt war) so ein Mann hätte Göthen um dieser That willen nicht aufgeben müssen. Mich dünkt, nachdem Allwills Brief geschrieben und beantwortet war, da hätte Jacobi als Freund von Göthe fordern müssen entweder Untersuchung und Beantwortung oder Aufgebung seines abscheulichen Grundsatzes und wenn Göthe dann sich gesträubt hätte, gegen Wahrheit und Ueberzeugung nicht hätte folgen wollen, dann oder da wärs Zeit gewesen zu brechen, ihn aufzugeben. Aber darnach ihn noch lieben, noch Freund nennen und dann um dieser That willen erst — das dünkt mich weder ganz philosophisch,

noch für Jacobi groß genug. Da sind ich oder da komm ich
auf Vermuthung kleinerer Gefühle von Beleidigung oder belei=
digter Autorliebe.

Ohne Datum.

Herzlichsten Dank, meine liebste Freundin, für Ihren Her=
zensbrief! Er goß mir Oel in die Wunde. Zuversicht auf die
Zusage, die dem Gebete gegeben ist, fester Glauben an Erhö=
rung, wo die Nicht=Erhörung nicht väterlicher ist, hat mich in
diesem Kampfe wunderbar gestärkt, und wird mich, hoffe ich,
ganz bis zum Siege über das Widerstreben einzelner Gefühle,
Erinnerungen, Hoffnungen u. s. w. durchführen. Wie das auch
ist, ich weiß doch, daß Gottes Wille geschehen ist, und daß
dieser unser, mein und meiner theuersten Therese Vater ist.

Von Heyne.

Göttingen, 21. September 81.

Daß Ew. Fürstliche Gnaden die geneigte Gesinnung, welche Sie, bei einem für uns so merkwürdigen und unvergeßlichen Auffenthalte gegen uns und unsere Bibliothek blicken ließen, mit Sich wegnehmen möchten, war mein großer Wunsch, ich sehe ihn erfüllt und das macht mir herzliche Freude.

Aber sollte jener andre Wunsch in Erfüllung gehen, daß Ew. Fürstliche Gnaden uns noch einmal mit der Gegenwart, und zwar in Begleitung des großen und würdigen Mannes, den ich vorhin so sehr verehret und nunmehr noch weit ver=ehrungswürdiger gefunden habe, auf längere Zeit beglückten; so wäre uns für die Zukunft noch eine sehr angenehme Aussicht aufbehalten. Oft werde ich mich im Geiste damit nähren, zu=mal wenn, wie so oft geschieht, solche Bibliotheksbesuche von Fremden einfallen, bei denen die ganze Seele vertrocknet. Sor=gen Sie nur, gnädige Fürstin, daß jene Aussicht kein bloßer Traum bleibt.

In der Zeit soll dafür gesorget werden, daß Sie noch manches schöne Buch hier antreffen, wovon die Einsicht Ihnen Vergnügen machen soll. Manches ist mir schon seit Dero Abreise unter die Hände gekommen, wobei ich bedauerte, daß es mir vorhin nicht eingefallen war.

Die Griechen sollen auch in der Zeit wieder in ihr altes Ansehen eingesetzt werden.

Auf das Renaldinische Werk will ich aufmerksam sein, sobald es mir in einer Auction vorkommen wird. Der Herr Minister von Fürstenberg äußerte den Wunsch, aus Italien ein Buch zu erhalten; ich weiß nicht, ob es schon bestimmt war; hierüber erwarte ich zu seiner Zeit Befehle.

Meine Herren Collegen, Diez, Kästner, Lichtenberg, empfehlen sich bestens zu Gnaden. Ich habe die Ehre mit innigster Verehrung zu beharren

Ew. Fürstl. Gnaden
ganz gehorsamster Diener
Heyne.

Ein Catalog von unsern Winterlectionen, den ich hier beilege, veranlaßt vielleicht eine und andere Erinnerung.

𝔙𝔬𝔫 𝔍𝔬𝔥𝔞𝔫𝔫𝔢𝔰 𝔐ü𝔩𝔩𝔢𝔯.

à Cassel, ce 4./18. 82.

Ce n'est point à Vous, Madame la Princesse, ni à
M. de Fürstenberg qu'il faut adresser l'apologie de la pièce
ci-jointe: Vous connoissez trop bien les affaires présentes,
et l'experience des tems passés Vous montre trop clairement ce que nous pouvons attendre, pour que Vous puissiez
penser comme le vulgaire du public. Il est aveugle: c'est
devant lui qu'on détruit les dernières barrières du despotisme, et il applaudit stupidement au bruit que cause leur
chûte. Aujourdhui on écrase l'église: c'est, dit on, une
entreprise digne de ce siècle eclairé; demain la noblesse
perdra les foibles restes de ces droits, et ce ne sera,
dira-t'-on, que dans la vue de soulager les paysans; déja
les écrivains calomnient la constitution de l'empire, et si
l'on peut, on la renversera bientôt, uniquement pour délivrer
la nation d'une foule de petits tyrans; puis on attaquera
les voisins, seulement pour rendre les Allemands la première
des nations et pour venger ses anciennes injures: le tout
aux yeux (s'il en a) de notre siècle eclairé, qui ne s'ap-
perçoit point du monstrueux gouvernement qu'on prépare à
nos descendans sous ces masques agréables. Il nous suffit
que l'objet de notre enthousiasme donne quelques ducats à
quelques paysans, tire le chapeau devant quelques femmes
en passant par une ville impériale, et donne à quelques

savans la millième partie de ce qu'il enlève aux seigneurs laïcs et ecclesiastics, pour que nous accumulions volontiers tous les pouvoirs sur la tête d'un seul mortel, sans nous embarasser des Tibères, des Claudes et des Caracallas, que nous préparons à notre posterité. Le peut que j'ai insinué plûtot que dit, dans cette pièce, n'est que la moindre partie, Madame, de ce que je voudrois dire pour la conservation de la liberté et des anciennes vertus, et pour ranimer l'esprit presqu'eteint de plus d'un corps qui devroit influer sur l'état des affaires. Je connois trente siècles, et je vois le notre: ainsi je ne sauvois qu'être effrayé de l'avilissement universel dont l'introduction du plus terrible despotisme menace notre hémisphère. Tous les ressorts sont détendus, la religion periroit, si les hommes pouvoient la détruire, nos philosophes n'enseignent que l'indifference et l'adulation . . .

Je crains, Madame la Princesse, de Vous ennuyer par des tableaux, que Vous voyez mieux que moi. Si Dieu m'accorde une plus longue vie, je les exposerai devant ceux qui aujourdhui ont des yeux sans voir, et des oreilles sans entendre.

J'espère de donner dans le courant de cette année une nouvelle edition de l'hist. de la Suisse, de corriger quelques defauts de la première, et de la continuer. Je suis fâché d'avoir été aussi souvent interrompu dans ce travail, et impatient de l'achever pour en entreprendre un plus important. J'aurois voulu Vous envoyer, Madame, le manuscrit que Vous daignates me demander: mais comme il n'y a que moi-même qui en puisse tirer copie (il est illisible pour tout autre), et que dans ces derniers tems la consideration des affaires présentes m'a entièrement occupé, je dois renvoyer à un moment plus commode le plaisir que j'aurois à Vous en transcrire des morceaux. Ce que j'aimerois bien mieux, ce seroit de pouvoir me flatter, Madame, de Vous revoir ici ou à Geissmar, et de Vous lire tout ce qui peut Vous interesser: je mets grand prix aux remarques dont Vous voudrez bien alors m'honorer, pour effacer quelques-uns des defauts de cette esquisse.

Elles me seront, sans compliment, tres précieuses au sujet de tout ce que je pourrois prendre la liberté de Vous faire parvenir de ma composition. Rien ne m'interesse que la verité, à laquelle je suis prêt à faire tous les sacrifices possibles; celui de la vanité d'auteur est, je Vous assure, l'un de ceux qui me coutent le moins. J'ai aimé la gloire; presque toutes les passions ont regné dans mon ame; celle de m'eclairer et de communiquer des lumières à d'autres, s'est enfin elevée sur les debris de tout le reste.

On dit que Schloezer ira à Vienne; il me paroit digne d'y être.

Oserois-je Vous prier, Madame la Princesse, de demander à M. de Fürstenberg s'il n'y a pas en Vestphalie des colonies françoises, dont on pourroit savoir quelques details. L'abbé Raynal, qui fait l'hist. de la revocation de l'edit de Nantes, m'a envoyé une liste de questions tres-bien posées sur les colonies françoises en Hesse, en Basse-Saxe et en Vestphalie. Je lui ai procuré ce dont il a besoin pour la Hesse; je vais écrire à l'abbé de Loccum pour la Basse-Saxe, mais j'ignore à qui m'adresser dans

Vos provinces. Je n'ai pas sous la main les questions de Raynal, mais du moment que M. de Fürstenberg croiroit possible d'avoir quelques eclaircissemens, je prendrai la liberté de les lui envoyer. Je serois bien aise de le savoir bientôt; si vous ne pouvez pas encore ecrire Madame, M. le prof. Sprickmann auroit bien la bonté de me repondre cet article.

En faisant des voeux sincères pour le promt et entier retablissement de Votre santé, je suis avec un respectueux devouement

Madame

Votre

très humble et très
obeissant serviteur
J. v. Müller.

En ce moment que l'exemplaire d'h. de la Suisse, que je Vous avois destiné, Madame, a été prêté à quelqu'un; il viendra par la 1cre poste.

Ce n'est point, Madame, par modestie, que je Vous epargne la peine de lire les copies dont j'ai parlé dans ma lettre: c'est seulement parcequ' ayant envoyé mes papiers dans un nouvel appartement que j'ai pris, je n'ai pas pu prendre ces copies, n'osant pas sortir encore; et ces cahiers sont illisibles à tout autre. Je voudrois pouvoir Vous les lire tout, pour les corriger en ce que Vous jugerés necessaire. Ils regardent les Anciens, les Migrations nationales et les Arabes, et sont a peu-près aussi considerables que

le 1er vol. que j'ai donné de l'histoire des Suisses. C'est
le premier essai de l'ouvrage que je voudrois faire un jour
sur l'hist. de l'humanité et dont j'ai parlé a M. de Fürstenberg. Je suis, Madame,

Votre

très humble et très
obeissant serviteur
J. v. Müller.

à Cassel ce 26 Mai 1782.

Vous aurez lû peut-être, Madame la Princesse, les
reflexions par lesquelles le Marquis de Luchet a tâché de
prémunir le public contre le poison, que j'ai repandu dans
les voyages des Papes. Je souhaite qu'il reussisse à plaire
là où il lui importe peut-être; car il scroit trop à plaindre
s'il n'avoit pas la faveur pour lui, tandis que j'ai la verité
pour moi. En pareils cas mon principe est de ne pas repondre, et quand des raisons majeures me determineroient
a resoudre quelque objections, de n'en nommer ni l'auteur,
ni la pièce, ou il les a renfermées. Il me couteroit trop
dans ce cas particulier de prononcer dans une discussion
serieuse le nom du journal de ce Monsieur là. La
manière dont mon ecrit a été reçu ailleurs, ce que je ne
puis attribuer qu'au sujet qu'il traite, m'a fait voir que la
verité n'a pas encore perdu toute sa force naturelle. Un
Senateur de Bologna l'ayant fait connoître a sa Sainteté,
Elle daigna l'approuver assai e molto, et se fit donner
mon adresse: Msgr. le Cardinal-Doyen & Msgr. le Cardinal

Carlo Rezzonico m'ont aussi fait temoigner des sentimens qui demandent toute ma reconnoissance. Dans l'empire il y a des personnes qui voudroient que je developpasse mieux les avantáges de sa constitution presente, relativement à celle qu'on voudroit lui donner; et je remarque que la rapidité, avec laquelle de certaines entreprises se succèdent, ne laisse pas d'exciter l'attention et les craintes de ceux même, qui n'en souffrent pas encore. J'espère que ce sera comme dans le dernier siècle, ce fut Louis XIV. qui fit le plus d'amis au prince Stadhouder. Il est heureusement assez commun, que ceux qui pourroient se rendre maîtres de tout, se persuadent un peu trop tôt de l'être déjà: or un ennemi, qu'on dédaigne, est souvent le plus formidable. En general je suis enchanté de ce qui arrive à l'eglise: jusqu'ici le peuple et la noblesse avoient seuls souffert du gouvernement despotique; desormais le clergé fera cause commune avec l'humanité; c'est dorésnavant qu'il sera plus utile que jamais, plus digne d'être soutenu. Qu'importe qu'il perde son influence dans une certaine cour; ce petit malheur lui vaudra ailleurs un plus grand accueil; et comme il est près du peuple (les soldats aussi sont peuple) il ne sera jamais indifférent comment il pense. L'essentiel est de lui inspirer les pensées, qu'il doit avoir. Je ne puis me defendre de Vous communiquer ici, Madame, quelques reflexions que j'ai ecrites à un ami à Rome, qui a des bonnes liaisons, et qui me demanda ces reflexions. Je suis bien sûr, Madame la Princesse, que ce que je prends la liberté de Vous écrire, ne sera jamais vu que de personnes dignes de Votre confiance.

„Je me persuade, disois je, de plus en plus qu'il y a moyen de faire beaucoup encore pour écarter et emousser les coups que l'on porte a la cause commune. Elle est d'ailleurs si belle et si grande qu'il sera toujours plus glorieux de succomber avec elle que de triompher avec ses destructeurs. Si l'on s'y prend bien, les meilleurs esprits, les plus belles ames, la voix du siècle et l'admiration de la posterité sera pour ses defenseurs; et comptons pour beaucoup le sentiment de remplir le plus saisé des devoirs. A Dieu ne plaise que parmi le petit nombre de ceux, qui ont l'esprit assez bien fait, pour reconnoître la verité à travers le masque, dont le funeste talent des écrivains et l'art des despotes l'a voilée dans notre siècle, il y ait des coeurs assez lâches pour la vendre ou pour la dissimuler! Epaminondas, expirant de sa blessure, et voyant les Thebains, qui le plaignoient de mourir sans enfans, leur dit ces mots remarquables: Vous vous trompez, mes chers amis, je laisse deux filles, qui ne mourront jamais; l'une est Leuctres, l'autre est Mantinée. Que ce sentiment meriteroit d'être adopté par ceux qui ont reçu ou qui se sont donné la loi, de ne laisser après eux que le fruit de services rendus a l'interêt general!

„Lorque Notre Seigneur nous ordonne de veiller, il nous ordonne d'agir. Il faudroit employer tous les ressorts. Il faudroit s'y prendre d'une manière nouvelle pour faire rentrer la religion dans les coeurs. Montrons dans l'enchainement des affaires humaines l'interêt qu'a près le Maitre de l'univers à son établissement et à son maintien (tout n'est pas encore dit, ni assez bien), comment les plus grandes

9 *

chosses ont dû y servir, et l'avantage dont il a été qu'un
corps, uni sous un chef, eût en depôt ce tresor, que nous
allions perdre dans la barbarie du moyen âge ou pendant
les grandes convulsions des états modernes. Exposons la
religion d'une manière plus frappante: la verité est eternelle,
la forme change à tout moment. Il est possible encore,
je Vous assure, de donner l'interêt de la nouveauté à ce
qu'on a prêché depuis 1700 ans. Dans le seizième siècle
ni les uns ni les autres ont bien connu ce qu'ils attaquoient,
ni ce qu'ils defendoient. Tant de dogmes, tant d'usages,
appuyés de toute la force, que leur donneroit l'écriture et
l'antiquité, présentés sous leur vrai point de vue, ramen-
croient plusieurs personnes, et en raffermiroient une infinité
d'autres.

„Puis, ne disons pas tout à tous, mais à chacun qu'il
faut. Autre chose il faudroit dire aux françois, autre choses
aux princes de l'empire, autre choses aux republiques, pour
leur faire sentir à tous, que leur interêt et celui de l'église
est le même, d'empêcher, qu'un seul puisse donner la loi
à tous, et que quelques soient les inconveniens de notre
position actuelle, rien ne seroit pire qu'un despotisme universel. On peut insinuer à chacun, que les maux, dont il
se plaint, sont reparables, du moment qu'on aura ecarté
le plus funeste des maux. Il ne faut negliger personne:
Souvenez-Vous du grand pope Odescalchi, qui fut de la
ligue de Guillaume d'Orange contre le roi très-chretien et
contre le roi catholique, qu'il y avoit en Angleterre, parcequ'il etoit trop clair, que Louis n'étoit pas moins terrible
pour Rome que pour la Haye.

„Je ne prétends pas juger d'une certaine bulle du
dernier pontife; mais il faut avouer, que si une certaine
societé existoit, il seroit plus aisé de repandre les maximes
necessaires en tout lieu. Cependant il reste bien assez de
ressources, et si l'on s'en sert avec l'activité et la prudence
requises, la bonne cause est invincible: elle l'est, si on
reussit, elle ne l'est pas moins, si les autres remportent
des avantages: il en sera d'autant plus aisé de leur exciter
des jaloux; leurs panegyristes y contribueront le plus.
Seulement il faut préparer les esprits, et ce qui est le secret
du succés de toutes les grandes entreprises, il faut avoir
un plan determiné d'opérations, même pour les vacances du
S. Siège. Le pape, qui y pourvoyra, regnera encore après
sa mort.

„Il seroit utile aussi, de desabuser le public de certaines apparences qui l'éblouissent; non qu'il faille le faire
directement, mais je connois tel prince dans l'histoire, qui
ressemble tellement à . . . . ., qu'en ecrivant sa vie avec
les reflexions convenables, il n'y auroit pas besoin d'avis
au lecteur.

„La tolerance est une bonne chose; mais quand j'en-
tends l'Allemagne crier au miracle de ce qu'enfin on a
permis des eglises à quelques sectes, je ne puis comprendre
que depuis plusieurs siècles les Turcs ne passent pas pour
e plus eclairé de tous les peuples: dans leur capitale même.
les Grecs y ont 23 eglises.

„Un savant célèbre m'écrivit l'autre jour, que le despotisme sacerdotal étoit pourtant le plus affreux et que
l'empereur, ayant promis de n'employer les biens des couvens

qu'à fonder des ecoles à la campagne, on pouvoit esperer de ces dernières une nouvelle epoque dans l'histoire de l'humanité. Je lui repondis: Dites moi, je Vous en prie, ces maitres d'école siègeront-ils aussi aux états d'Autriche? Combien d'epoques ont commencées par 200,000 hommes, et combien par des maitres d'ecoles à la campagne? Si Vous etiez general, attaqueriez Vous plutôt ceux, qui ne sauroient Vous nuire, ou un terrible ennemi, qui tombe sur vos flancs?

Je Vous demande mille pardons, Madame, de cette longue epitre. J'aime à Vous écrire parceque j'espère que, si je suis dans l'erreur, Vous voudrez bien m'en avertir. J'ai un principe très-simple dans les affaires du tems; je demande, telle ou telle chose est elle agréable ou des- agréable au plus puissant? Dès que je sai ce qu'il veut, je crois devoir soutenir le contraire; je le soutiendrais, et quand il ordonneroit par une loi de croire que 2 et 2 font 4. Je croirois que c'est pour joindre deux autres ro- yaumes à la B. et à la A. H. Il est des personnes, dont on ne sauroit être trop en garde.

On dit, que Schloezer est revenu avec un enthou- siasme prodigieux pour César et pour ses réglemens, et qu'il nous en regalera dans son journal. C'est que cela se débite mieux à V. qu'à R... Si j'attends avant d'ecrire quelque chose de plus, c'est que là où je suis, je suis gêné, distrait par trop d'autres occupations, et pas assez au fait des details de l'état des choses. Du moment que j'aurai levé ces obstacles, si Dieu m'accorde la vie, Vous verrez, Madame, si je sacrifierai jamais a l'interêt ou à la mollesse, et si je trahirai jamais pour l'avantage de ce moment d'existence les sentimens qui pourront me valoir Votre approbation.

Vous aurez eu les questions de Raynal, et je Vous aurois, Madame, la plus grande obligation, si Vous vouliez bien me procurer quelques eclaircissemens au sujet de Dillenbourg ou de telle autre colonie. Cassel est une maladière; je souhaite que Münster ne le devienne pas aussi. Je Vous présente les respects de Mr. de Schlieffen, Vous suppliant d'en faire autant des miens chez M. de Fürstenberg.

Les françois se conduisent admirablement bien dans l'affaire de Genève; le roi ne profitera point de cette occasion de prendre pour lui cette place frontière; il a prié les Savoyards de couvrir leur pays (pour éviter de l'ombrage); il fera ouvrir la ville, mais ce sera les Bernois, qui y entreront. Cela est bien conforme au rolle quil convient à la France de jouer dans l'état présent de l'Europe. Je suis, Madame, avec un respect infini

Votre

tr. hble & tr. obsst. serv^{te}.

J. v. Müller.

Von Schlieffen.

Plus je me sens de l'indifference pour la société des hommes tels qu'ils sont pour la plupart; plus je me trouverois heureux dans celle des deux personnes uniques, qui ont daigné s'arreter quelques momens avec moi sous le même toit. Et rien n'egaleroit ma satisfaction, Madame la Princesse, que si vous vous etiés apperçue en effet des sentiments que je vous porte.

Avec une figure comme la votre cette expression seroit equivoque si une jeune homme s'en servait. De ma part elle ne regarde pas les avantages du corps. Mais je ne suis que d'autant plus idolatre de vous. Cet hermitage paisible, où vous avez bien voulu jetter un coup d'oeil et dont vous daignés vous souvenir, aurait bien plus d'attraits pour moi, si des hotes tels que vous y paraissaient plus souvent. Si j'ai la satisfaction de vous y revoir, je vous montrerai un objet placé au centre de mon petit bois, que vous n'eutes pas le tems de voir alors, c'est l'autel de l'amitié; peut etre me permettrès vous de vous y offrir la mienne pour toute ma vie.

J'ai fait vos commissions. Mr. de Wartensleben, infiniment sensible à votre souvenir, vous rendra le petit soin, dont vous n'auriés dû charger que votre serviteur. La lettre du fils pour son père de Hirschfeld est partie par

la poste. Les 3 professeurs*) vous baisent les mains.
J'en fais autant. Mon attachement et mon admiration
pour vous me rend pour jamais le votre. Vous permettés
sans doute que l'expression du coeur prenne ici la place
de la phrase bannale de l'etiquette epistolaire.

Schlieffen.

à Weissenstein ce 6 Oct. 1783.

Il est impossible de ne pas s'interesser à ce que l'on
admire et les sentiments, Madame! dont vous daignés me
tenir compte ne sont que la suite necessaire de l'avantage
que j'ai eu à prendre à connaitre le genie le plus étonnant
qui se soit jamais developpés dans votre sexe et je serais
au comble de mes voeux, si ceux, que le sort a placés
assés haut pour pouvoir influer sur le bien être de leurs
semblables en pouvaient être affecté comme je le suis.
La confiance, avec laquelle vous venés de vous exprimer
avec moi, me touche sensiblement, cette distinction flatteuse
de votre part ne peut pas manquer de produire cet effet,
je suis incapable de ne pas y repondre comme je le dois
et vos ordres par rapport à la lettre, dont vous m'avés
honoré sont déjà remplis.

Je ne connais pas la cour de Russie assés en detail
pour avoir une opinion sur ce qu'il vous a plû m'en dire;
mais le ton d'une cour ou d'un gouvernement entier depend
souvent du présent et change avec l'avenir. Quoiqu'il en

---

*) Johannes Müller, Sömmering und Forster.

soit, si vos enfants ont reçu des mains de la nature cet
heureux fond que tout semble annoncer en eux, l'éducation
unique que vous leur donnés, est en même tems la baze
la plus solide des etablissements dignes d'eux, ils n'en
manqueront pas et si vous êtes quelquefois en peine de
prevoir comment cela se fera. La reflexion que nos des-
tinées se reglent presque toujours bien differemment de ce
que nous imaginions suffit pour dissiper vos inquietudes.

J'ai fait partir votre lettre pour le fontainier de Geismar, il ne manqera pas d'y obeir; plus vous daignerés
disposer de moi, plus je m'estimerai heureux.

Une trouppe de Hessois prisonnière en Amerique vient
de prononcer d'une maniere assez marquée, que l'amour
de la patrie n'est plus particulière a une forme de gouvernement qu'a une autre et le fait n'est pas peutetre pas
indigne de vous etre rapporté.

Les Americains au mepris de ce qui se pratique
entre les peuples policés, s'etaient avisés dans le dernier
tems de vendre les prisonniers de guerre pour les travaux
des particuliers à raison de 150 L. sous la condition qu'ils
serviraient quatre ans pour cela, après quoi ils seraient
citoyens libres comme les autres, s'ils le voulaient ou re-
tourneraient ches eux. Cette circonstance a fait naitre des
difficultés imprevues sur la reddition reciproque des prisonniers stipulée par le traité de paix. Le major Bauer-
meister de nos troupes fut envoyé à Philadelphie pour
traiter de cet objet; on lui declare qu'il faut racheter les
gens, il demanda les ordres du général Anglais qui ne
sait a quoi se determiner avant que d'y etre autorisé de

Londres. Cette difficulté parvient a la connaissance des prisonniers, qui se trouvaient dans le voisinage et nombre d'entre eux, quoiqu'ils etaient bien traités de ceux qu'ils servaient, quoique le tems de leur service fut près d'expirer, vont declarer au major, qu'ils payeraient eux même leur rançon, pourvu qu'ils pussent retourner avec leurs compatriotes et que ceux qui n'avaient pas assés de comptant, engageaient le patrimoine ou a son defaut leur industrie, pourvuque l'on voulait seulement leur avancer l'objet, dont il serait besoin.

Daignés me rappeller au souvenir de Mr. de Fürstenberg. Les sentiments que je vous porte à tous deux, ne peuvent finir qu'avec mon existence, ils sont le juste hommage que vous doit

Madame la princesse

votre très humble et
très zelé serviteur
Schlieffen.

Von Sömmering.

Cassel, den 13. Nov. 1782.

Ihro Durchlaucht werden zu Gnaden halten, daß ich aus Mangel einer bequemen Gelegenheit diese Sachen, die ich sogleich nach jenem glücklichen Augenblicke eingepackt hatte, bis jetzt noch nicht geschickt hatte, aus Besorgniß, daß sie durch Erschütterung beim Transport zu viel leiden möchten.

Darf ich's wagen, so soll's mir die größte Freude gewähren, auch mit einigen Präparaten in Spiritus alleruntertänigst zu erscheinen.

Solche Tage, als mir Dero Huld gewährt hat, sind Sporn und Ermunterung, die für die Zeit meines Lebens hinreichen, mit Vergnügen in diesem Felde fortzufahren und mit Muth alle Schwierigkeiten, die billig mir nicht entgegen stehen sollten, zu überwinden zu suchen. Das innere meiner Wissenschaft gibt freilich immer neuen Reiz, aber äußere Sachen müßten es nicht hindern.

<small>Der Fürstin Antwort vom 2. Novbr. 1782 in Sömmering's Leben von Wagner Abth. I, S. 75.</small>

Cassel, den 28. März 1783.

Schon längst würde ich Ew. Durchlaucht die beigehende Kleinigkeit übersandt haben, wenn es nicht nothwendig gewesen wäre, es etwas stärker mit Firniß zu überziehen, um der spe=

cifiquen Schwere des Quecksilbers mehr entgegen zu setzen, außer=
dem es gar zu leicht beim Transport beschädigt werden konnte.
Jetzt gibt mir Herr Dr. Böhmer aus Göttingen, Arzt am dor=
tigen Hospital, die beste Gelegenheit, dasselbe sicher zu über=
bringen. Es hat etwas weniges hinterwärts, doch ohne Schaden
der Hauptsache gelitten. Es ist aus einem ohngefähr 72jährigen
weiblichen Körper.

Vielleicht bin ich bald wieder so glücklich, Ew. Durchlaucht
meine Sammlung und die seit der Zeit dazu gekommenen
Sachen persönlich vorzuzeigen und nichts ist mir in selbiger mehr
am Herzen liegend, von dem ich nicht mit ungeheucheltem Ver=
gnügen lieber sähe, daß es zum Besitz von Ew. Durchlaucht
gewählt würde, und deßhalb verspare ich bis dahin alles fernere.

Wir leben einen großen Theil von Ehre, und sie ist für=
wahr der Sporn, der über alles reizet. Das Wissen gibt nur
allein Nahrung und erhält uns aufrecht. Alles sonstige äußre
Vergnügen wird doch zu manchen Stunden gleichgültig, unan=
genehm, selbst schmerzlich, die Wonne hingegen, die uns Wissen
gewähret, ist dauerhafter, in jedem Augenblicke angenehm, wird
nie bereut, gehört uns am eigensten, und ist keinen äußeren
Zufällen ausgesetzt, und das, weil sich's allein übers Körper=
liche erhebt und daher keiner Veränderung unterworfen ist.

Das Studium der Anatomie würde nie so leicht, und das
bloß um sein selbst willen, selbst zur Leidenschaft werden, wenn
es bloß Betrachtung der Schaale wäre, nicht von der Einrichtung
des Hauses auf dessen edlere Bewohner oft mit Sicherheit ge=
schlossen werden könnte und müßte.

So nahe auch einem jeden Kenntniß suchenden, diese Wissen=
schaft anzugehen scheinet, und so gewiß es ist, daß, wenn nicht

einiges oft mehr nur anscheinendes Widrige von anfangs zu
übersehen und zu überwinden wäre, oder von den Zergliederern
selbst, nach der natürlichsten Billigkeit erträglicher gemacht würde,
eben so sehr Lieblingsstudium werden müßte als es jetzt Na=
turgeschichte ist, die ohnehin keine rechte Solidität ohne Kennt=
niß des inneren Baues hat.

Um wie viel erhabener aber sind nicht die Gesinnungen
und Absichten, die Ew. Durchlaucht äußern, und nach welchem
Höchstdieselben Kenntnisse und Wissenschaften lieben und beför=
dern, nicht um des eitlen Wissens willen, sondern um damit zu
nützen und darauf vor allem die Perfectibilität des Individuums
zu bauen und zu erhöhen, und sich so, was das Bestreben aller
Weisen war, dem Urwesen zu nähern.

Doch ich fürchte Ew. Durchlaucht Nachsicht zu mißbrauchen,
wenn ich in diesen Betrachtungen, die doch nur allein das Ziel
aller meiner physischen Beschäftigungen sind, fortführe.

Ich nebst Professor Forster empfehlen uns mit tiefster Ehr=
erbietung.

Der Fürstin Antwort vom 12. April ohne Jahreszahl in Sömmering's Leben
von Wagner Abth. I. S. 77.

Cassel, den 27. Octbr. 1783.

Herr Professor Fischer aus Göttingen wird die Gnade
haben, Ew. Durchlaucht einige anatomische Kleinigkeiten zu über=
reichen. Ich wünschte mir selbst diese Gelegenheit, weil mir die
Augenblicke ganz unschätzbar und unvergeßlich sind, die mir Ew.
Durchlaucht gnädigst gegönnt haben.

Je seltner bei der jetzigen sinnlichen Welt der Eifer nach
Wahrheit in ernsten das Wohl aller Menschen ohne Unterschied

der Nationen oder des Alters angehenden Kenntnissen ist und
ein scheinender Eifer unter der Maske von Wahrheitsliebe nach
Befriedigung seiner bloß sinnlichen Organe ringt und alle höhere
Kräfte unangewandt liegen läßt; je unwiederbringlicher auch die
besten Gemüther die Macht der Vorurtheile verdirbt, und folg=
lich die Schätze von Wahrheiten nicht in dem Maße zunehmen
als Leichtigkeit und glückliche Gelegenheiten in Erlangung der=
selben in unserem Zeitalter erwarten läßt, um desto nachdrucks=
voller muß das Beispiel von Edlen Freunden der Wahrheit
wirken, die mit Besiegung nicht gemeiner alltäglicher Hindernisse
dahin vordrangen, wovon Geburt, Erziehung und Stand sie zu=
rückzuhalten schien.

Dem geneigten Andenken Sr. des Herrn von Fürstenberg
Exc. bitte ich mich unterthänig zu empfehlen.

Mainz, den 31. Octbr. 1786.

Es thut mir sehr leid, aus des Herrn Ministers v.
Schliessen Brief zu erfahren, daß mein Danksagungsschreiben
für das schätzbare Geschent von Ew. Durchlaucht nicht ange=
kommen sein muß. Indessen schmeichle ich mir mit der Hoff=
nung, daß Ew. Durchlaucht mich weder für so undankbar noch
so nachlässig ansehen, daß ich für ein so angenehmes Andenken
von einer so Erlauchteten Dame nicht sogleich meinen geringen
Dank wenigstens schriftlich bezeugen sollte.

Aber es sind nicht nur mir, sondern selbst den angesehensten
vom hiesigen Adel und namentlich der Frau von Eudenhova und
dem Grafen von Hatzfeld Briefe in die dortige Gegend besonders
voriges Jahr verloren gegangen.

Den Fürsten hatte ich das Vergnügen im Julius zu Schwal=
bach zu sprechen.

Forster muß sich in seine Wildniß schicken lernen. Doch
hat er an seiner Frau viel Freude und Unterhaltung, die noch
vergrößert worden, seit sie ihm eine Tochter gegeben hat; ich
lege hier seine neueste Schrift bei, die er mir auftrug, an seine
Gönner zu übersenden und namentlich Ew. Fürstlichen Durch=
laucht. Er hat einen Aufsatz über Menschenvarietäten für den
teutschen Merkur bestimmt, den ich aber noch nicht abgedruckt
gesehen. Camper wünscht, daß er die Naturgeschichte einiger
dortigen einheimischen Thiere berichtigen möchte.

Doch ist seine und meine Hoffnung groß, daß nach sieben=
jähriger Gefangenschaft (denn auf so lange hat er sich gebunden)
ihn Teutschland wieder aufnehmen werde.

Hoffmann der Geh. Rath ist sehr wohl hier und drohte
beständig uns zu entfliehen. Er denkt oft voll innigster Hoch=
achtung an seine Beschützerin; jetzt, wo es sehr nahe war, daß er
Münster wieder sehen wollte, bekam er einen violenten Schnu=
pfen. Man muß den guten, trefflichen, ehrlichen und durchaus
originellen und geniereichen Mann lieben, wenn man ihn näher
kennen lernt. Wir haben manchen vergnügten Abend zusammen
zugebracht. Er ist auch hier sehr fleißig und hat einen großen
Stoß zu dem zweiten Theil von den Pocken gefertiget. Er läßt
hier auch Versuche mit seiner Fliegemaschine machen.

Ich wünschte, er nähme mich mit, wenn er Münster besucht.

Von Crell.

Durchlauchtigſte Fürſtin!
Gnädigſte Fürſtin und Frau!

Ew. Hochfürſtl. Durchlaucht werden, nach Ihren gnädi=
gen Geſinnungen, meine Freiheit leicht verzeihen, mit welcher
ich, als ein Fremder, meine Unterthänigkeit Ihnen zu bezeigen
wage. Ich verehre den hohen Stand der Fürſten; aber ich
verehre ſie in der Ferne und nähere mich ihnen, als ſolchen,
nicht ungerufen: bei Ew. Hochfürſtlichen Durchlaucht aber hoffe
ich huldreichſte Verzeihung für dieſe Ausnahme. Der Herr Graf
von Sickingen, den ich, als meinen größten Gönner, ich darf
ſagen, als meinen Freund verehre, hat mir Höchſtdero gnädigen
Befehl eröffnet, Ihnen meine chemiſchen Schriften zu überſenden.
Ich würde dieſem ſo ehrenvollen Befehle von der gelehrteſten
Beſchützerin und Freundin der Wiſſenſchaften, die ich ſchon lange
als eine ſolche verehrte, mit Bewunderung, daß Ew. Hochfürſtl.
Durchlaucht ſelbſt die Chemie ſo aufmerkſamer Blicke würdigten,
und mit größtem Vergnügen ſtillſchweigend befolgt haben: allein
der Herr Graf mag meinen durch ſeinen Brief veranlaßten, verän=
derten kühnen Entſchluß verantworten. Dieſer ehrwürdige, ſonſt
ſo kaltblütige Mann, der ſeinem jüngeren Freunde ſo oft manche
aus dem Herzen gefloſſene Ausdrücke einer verehrenden Freund=
ſchaft verwies; der Herr Graf ſelbſt iſt vom größten Enthu=
ſiasmus, Bewunderung und Ehrfurcht gegen Sie ganz hinge=
riſſen. Daher macht ſeine mir bekannte Deutungsart es mir

10

zur doppelten Pflicht, Ew. Hochfürstlichen Durchlaucht meine unbegrenzte Ehrfurcht unterthänigst zu bezeugen, welche Jeden, der auch nur in der Ferne Ihren so großen, mit den edelsten Kenntnissen so bereicherten Geist, und Ihr erhabenes Herz kennt, gegen Höchstdieselben hegen muß.

Unter diesen meine ganze Seele durchdringenden Gesinnungen ersterbe ich mit größter Devotion

Ew. Hochfürstl. Durchlaucht

ganz unterthänigster Diener

L. Crell.

Helmstädt, den 20. Juli 1783.

———

Von R. Z. Becker.

Durchlauchtigste Fürstin,
Gnädige Frau!

Ew. Durchlaucht haben mich durch die edle und groß=
müthige Art, wie Dieselben meine dreiste Bitte vom 9. dieses
erfüllt haben, so sehr überrascht und beschämt, daß ich es nicht
einmal wagen darf, Denenselben meine Empfindungen der Er=
kenntlichkeit und des Dankes darüber ausdrücken zu wollen.
Eine ähnliche Wirkung hat das unerwartete Geschenk der Hem=
sterhuys'schen Schriften auf das Gemüth der Durchl. Herzogin
und der Frau Oberhofmeisterin von Buchwald gethan. Ich
habe sie beiden selbst zu überreichen die Ehre gehabt und beide
äußerst gerührt davon gesehen. Insonderheit beklagte die Frau
v. B. mit wahrhafter Wehmuth, daß ihre gegenwärtige elende
Gesundheit, da sie besonders auch an den Augen zu leiden scheinet,
ihr nicht einmal verstattete, ihre Erkenntlichkeit für diese unver=
diente Attention Ew. Durchlaucht schriftlich zu versichern. (Sie ist
75 Jahre alt.) Ich mußte ihr daher versprechen, mich dieser
Pflicht, so gut es mir immer möglich wäre, in ihrem Namen
zu entledigen. Ich kenne aber meine Schwäche zu gut, als daß
ich dieses unternehmen sollte, und begnüge mich, Ew. Durchl.
zu versichern, daß ich von der Wahrheit und dem Nachdrucke,
womit sie mir diese Gesinnungen zu erkennen gegeben hat, selbst
gerührt worden bin. Die Durchl. Herzogin befahlen mir zu
warten, bis sie einige Bemerkungen, welche Ew. Durchlaucht in

mein Exemplar von Sophyle auf den Rand geschrieben haben,
eigenhändig in das ihrige copirt hatten; worauf Sie mir meinen
Schatz wieder zustellten.

Für die gnädige Theilnehmung Ew. Durchl. an meinen
kleinen Schicksalen danke ich mit dem gerührtesten Herzen und
gehorche dem gnädigsten Befehle, Denenselben weitere Nachricht
davon zu geben. Ich verließ Dessau im Dezember 1783 und
begab mich hierher aus bloßer Freundschaft für den bekannten
Jugendschriftsteller Salzmann, der damals Lehrer am Philan=
tropin war, um mit ihm gemeinschaftlich ein Erziehungsinstitut
nach einem von uns verabredeten Plane im hiesigen Lande zu
errichten. Durch verschiedene Connexionen erlangten wir die
Bewilligung und thätige Unterstützung des Durchl. Herzogs zu
der Sache; es wurde ein kleines Landgütchen dazu angekauft
und der Anfang der ersten Einrichtung gemacht. Die meisten
dieser Vorbereitungen bewirkte ich, ehe noch Salzmann hierher
kam: und als er kam, fand ich ihn in seinen Gesinnungen gegen
mich so verändert, daß ich das Vorhaben, mit ihm gemeine
Sache zu machen, aufgeben mußte. Dieses ist nun ein Jahr.
Ich habe also vor der Hand kein anderes Etablissement, als die
Ausgabe der Jugendzeitung, wovon ich die neuesten Stücke bei=
zulegen die Ehre habe. Diese gebe ich auf meine Kosten heraus
und verdiene damit so viel, als ich und zwei Schwestern, die
mir meine Eltern hinterlassen haben, zur Nothdurft brauchen,
welches denn freilich eben nicht viel ist. Sonst habe ich weder Amt
noch Titel; indem es noch keinem Großen beliebt hat, meine
Dienste anzunehmen: welches ich, was mein Vaterland (Chur=
mannz) betrifft, einigen Grundsätzen zuschreiben muß, die ich in
jener kleinen Schrift geäußert habe, wodurch ich so glücklich ge=

wesen bin, die Geneigtheit Ew. Durchlaucht und andrer den-
kenden Seelen zu erhalten. Uebrigens ist dieses Etablissement,
das ich mir auf solche Art nothgedrungen selbst gemacht habe,
zwar mit vieler Arbeit und wenig Lohn, aber auch mit soviel
Annehmlichkeiten höherer Art, besonders mit einer ausgebreiteteren
Wirksamkeit verbunden, als ich bei keinem öffentlichen Amte
haben könnte, daß ich mir nie ein anderes wünschen würde,
wenn es nicht bloß auf dem veränderlichen Geschmacke des Publikums beruhte, und der Gefahr ausgesetzt wäre, bei der ersten
Unpäßlichkeit, die mir zustoßen dürfte, in's Stocken zu gerathen
und mich ohne Ressource zu lassen. Doch würde diese Sorge
wegfallen, wenn der Debit des Blattes nur erst allgemeiner aus-
gebreitet wäre; so daß ich mir einen Gehülfen associiren könnte.
Aber bis jetzt wird' es bloß im Brandenburgischen und in
Sachsen stark gelesen. In Westphalen, besonders im katholischen,
habe ich mit aller Mühe und meiner persönlichen Bekanntschaften
ungeachtet damit noch keinen Eingang finden und noch nicht
einmal einen Correspondenten erhalten können; dergleichen ich in
den meisten Theilen von Deutschland habe, wie die Nachrichten
selbst ausweisen.

Den Plan, eine Französische Zeitung herauszugeben, für den
sich Ew. Durchl. so gnädig interessirt hatten, habe ich aufgeben
müssen, weil ich nach eingezogener Erkundigung nicht hoffen
konnte, Liebhaber genug dazu zu bekommen, um einen eignen
Uebersetzer darauf annehmen zu können. Das Blatt selbst französisch zu schreiben, getraute ich mir theils nicht, theils nahm
mir das deutsche Blatt schon alle Zeit hinweg. Auch konnte ich
keinen Franzosen finden, der mir nach meinem Sinn schrieb.

Jetzt läßt mir meine Correspondenz nicht zu, weiter daran zu denken.

Ew. Durchlaucht hatten mir es ausdrücklich befohlen, Ihnen meine Umstände zu melden, sonst hätte ich Dieselben billig mit diesem ermüdenden und unbedeutenden Detail verschont. Ich schließe mit nochmaligem innigsten Danke für den erhaltenen neuen Beweis von Dero mir unschätzbarem gnädigen Wohlwollen, dem ich mich ferner unterthänigst empfehle.

Ew. Durchlaucht

unterthänigster Diener
Becker.

Gotha, den 30. April 1785.

Von Blanckenburg.

Verehrungswürdigste Fürstin!

Sie werden mich für einen undankbaren vergeßlichen Men=
schen halten, ob ich gleich nichts, als ein an Leib und Seele
kränkelnder, gewesen bin; und, bei dieser, den Winter über,
mich befallenen Kränklichkeit so wenig vergeßlich, daß ich meinen
Zustand sehr oft, durch Erinnerung an die Tage Ihres Hier=
seins, und an das Glück Ihres Umganges aufgeheitert habe.
Freilich scheine ich nun doppelt undankbar; aber Sie kennen —
bewahre der Himmel, daß es aus Erfahrung wäre! — gewiß
durch Beobachtung, den Zustand der Seele, in welchem man
zu nichts fähig ist, als seine Tage wegzuträumen, zu nichts
fähig, als ein wenig an seiner Existenz zu nagen; nicht fähig,
sie zu genießen; und so weiß ich, werden Sie — mein Still=
schweigen nicht verzeihen; denn dazu kann es nicht strafbar genug
sein — sondern es gütig beurtheilen, und, Gnädigste Fürstin,
darf ich es hinzusetzen? es mich nicht entgelten lassen? — -
Daß ich Ihren Auftrag an den Feilitzsch gehörig, und
zu rechter Zeit, ausgerichtet habe, kann einliegende Charte be=
zeugen. Auch weiß ich, daß er sich, größtentheils, ordentlich
und gut betragen hat. Alles, was Sie, in Ansehung seiner
verfügen wollen, werde ich, mit Vergnügen, und treulich und
pünktlicher, als ich Ihnen vielleicht scheinen kann, ausrichten.
Jetzt, da Körper und Seele wieder aufgezogen sind, könnte ich

wünschen, Aufträge, recht viele Aufträge von Ihnen zu erhalten, um meinen guten Namen wieder bei Ihnen herzustellen.

Gerne schriebe ich Ihnen von Leipzig Neuigkeiten, wenn deren, die Ihrer werth sind, hier cursirten. Ich weiß nichts als daß unsere Buchdruckerpressen so arg schwitzen als jemals; und daß also die Hoffnung vergeblich ist, sich jemals völlig zu unterrichten; jemals zum völligen Besitze menschlicher Kenntnisse zu gelangen. Diese Betrachtung würde traurig sein, wenn nicht so vieles gedruckt würde, bloß um wieder zu Düten gebraucht zu werden. Wieland gibt die Episteln des Horaz, so übersetzt wie die Satiren, heraus, und von einem Herrn Müller erscheint eine Geschichte der Schweiz, welche mir eben so interessant scheint als das Land selbst. Die Schrift des Herrn Jacobi, welche, wie ich das Glück hatte, Sie hier zu sehen, noch nicht bekannt war, hat nachher hier vielerlei Sensationen gemacht. Haben wir von ihm nichts zu erwarten? Hat, oder wird Herr Hemsterhuis ihm nicht antworten? Darf ich Sie fragen, Verehrungswürdige Fürstin, was dieser schätzbare Mann macht? Vielleicht hat Er schon an Sie etwas gelangen lassen, das ich, durch Sie auch zu erhalten, von Ihm die Hoffnung erhielt? Ich bin desto begieriger darnach, da ich, um meine halb verlorene Leselust wieder zu bekommen, doppelt nahrhafte Unterhaltung der Seele wünschen muß; ich fühle es, daß so manches mich nur erschlafft, anstatt zu stärken; mir meinen Kopf verwirrt, anstatt ihn auf= zuhellen oder Ordnung und Zusammenhang hineinzubringen; und ich glaube zu lebhaft an Ihre Güte, als daß Sie mir nicht sollten beistehen wollen, aus diesem Zustande heraus zu kommen. Ganz natürlich würde, wenn es sonst auch nicht zu aller Zeit in meiner Seele stände, das Andenken an den Herrn

v. Fürstenberg hier stehen; wer erinnert sich nicht Seiner, wenn man Ihn kennt, und von Helle und Ordnung und Zusammen=hang in der menschlichen Seele spricht. Daß Er doch Meiner nicht vergäße, wenn Er an diejenigen denkt, die Ihn schätzen und verehren! —

Leben Sie wohl, Verehrungswürdige Fürstin! Und lassen Sie Gnade für Recht widerfahren

Ihrem aufrichtigsten Verehrer

Blanckenburg.

Leipzig, am 31. März 1786.

Von Dalberg.

Sie erhabene Freundin und alle, die denken, sehen die Menschen unter dem zwiefachen Gesichtspunkt des Verdienstes und des Glücks. In jenem Gesichtspunkt kenne ich niemand edler, keine Sterbliche, bei dessen Erinnerung mir so das Herz schwillt, als wenn ich an Amalia Gallitzin gedenke, dessen (?) Geist in Licht wandelt, dessen Seele alle Fesseln der Vorurtheile zerbrochen hat, dessen Herz sich so ganz den heiligen Pflichten der Freundschaft und mütterlichen Liebe widmet. Seit zwei Jahren floh ich das Glück und es ergriff mich unerwartet und hob mich auf eine Stelle, wo Verführung des Lasters und Zudringlichkeit der Herrschsucht und des Partheigeistes mich oft von der geheiligten Bahn der Wahrheit abzulenken suchen werden und da wird oft mein Schild sein, daß ich mir sage: deine Freunde erwarten von dir Tugend und Rechtschaffenheit und unter diesen Freunden glänzt niemand mehr als Amalia Gallitzin und Ihr Freund Fürstenberg. Ihm seien folgende Zeilen gewidmet:

Dermalen bin ich Zuschauer, mich auf künftige Wirksamkeit vorbereitend. Aber wenn ich in verwickelte Lagen komme, wo der Adlerblick des Wahrheitsforschers nöthig ist, oder sollten Umstände sich häufen, die dem Teutschen Vaterlande Unglück drohen, dann erlaube mir mein fürtrefflicher Freund Fürstenberg

Ihn um Rath, Hülfe, Mitwirkung zu bitten, soviel es Ihm
die Beschäftigungen für Sein angebornes Vaterland gestatten, das
Ihm so vieles zu danken hat. Ich bin mit wahrer Verehrung

Meiner fürtrefflichen Freunde

gehorsamster treuer Diener

Dalberg.

Aschaffenburg, den 18. Juli 1787.

Von Hamann.*)

Erlauchte Fürstin,
Gnädige Frau,

Ew. Durchlauchten huldreiche Zuschrift habe erst den 9. ds. erhalten, weil selbige einige Stunden nach meiner Abreise von Münster am 4. angekommen sein soll. Der Hauptabsicht der darin enthaltenen Anfrage ist bereits von meinen dortigen Freun=den Genüge geschehen, an deren genossenen Freude und Ehre ich nur im Geiste den lebhaftesten Antheil nehmen können.

So wenig ich auch im Stande bin, Gnädige Fürstin, den in Angelmodde gehabten Genuß weder mündlich noch schriftlich zu erkennen, und so sehr ich mich auch genöthigt fühle, wegen meiner Unvermögenheit und Schwäche mich alles Umgangs annoch zu entäußern bis zu besserer Erholung meiner erschöpften Kräfte, die ich mehr wünsche als hoffe: so halte ich es doch für eine Art von Gewissenspflicht einen verlornen Einfall, den Ew. Durch=lauchten einer zu günstigen Aufmerksamkeit gewürdigt haben, und zu einem Grundsatze aufzunehmen geruhen, näher zu bestimmen.

----

*) Dieser Brief ist in Hamann's Schriften Band 7 S. 402, jedoch unvollständig und verändert abgedruckt. Hegel in den Werken Band 17 S. 103 nennt ihn interessant; der Anfang oder die Veranlassung desselben sei jedoch nicht ganz klar. Hamann hatte, wie die Fürstin unterm 1. und 8. December 1787 schreibt, den in diesem Briefe näher bestimmten Grund=satz bei Gelegenheit eines zwischen Buchholz und Hamann entstandenen Streites aufgestellt.

„Ein Ackermann muß freilich auf die köstliche Frucht der
Erde warten und so lange geduldig sein, bis er den Morgen=
und Abendregen empfahe," wie es in der Epistel Jac. B. 7.
ausdrücklich geschrieben steht. Dies versteht sich aber nur unter
zwei vorausgesetzten Bedingungen: nemlich, wenn er

1) sein Feld nach den verschiedenen Eigenschaften des
   Bodens gehörig zubereitet, und

2) demselben guten und reinen Saamen anvertrauet hat.
   Matth. XIII, 24.

Gleichwohl scheint derselbe Apostel gegen das Ende seiner
Epistel anzudeuten, daß die physischen Erscheinungen mit den
moralischen Begebenheiten dieser Welt in weit näherer Ver=
bindung und Beziehung stehen, als es unserer heutigen Philo=
sophie kaum möglich sein wird einzusehen und zu glauben, indem
er eine Theurung von 3¼ Jahren dem ernsten Gebete zuschreibt,
das dem Feuereifer eines Propheten entfuhr, der in einer durch
sein Wort veranlaßten Hungersnoth sich nur der armen Wittwe
zu Sarepta annahm.

Diesem zwar sonderbaren und außerordentlichen Beispiele
zufolge, glaube ich, daß alle Grundsätze der Oeconomie rurale,
dieser Mutter aller Künste und Wissenschaften, nebst jeder mensch=
lichen und irdischen Arithmetique politique höheren Maßregeln
unterworfen, aller Vernunft und Erfahrung unerforschlich und
unauflöslich sind. Eine willige Ergebung in den göttlichen
Willen der Vorsehung, und eine muthige Verleugnung unserer
eigensinnigsten Schooßneigungen bleibt also wohl das kräftigste
Universalmittel gegen jeden Wechsellauf der Dinge und mensch=
lichen Urtheile, sie mögen für oder wider uns scheinen. Ohne
sich also auf Grundsätze zu verlassen, die mehrentheils von

Vorurtheilen des Zeitalters abgezogen sind, noch selbige ohne
Prüfung zu verschmähen, weil sie zu den Elementen der gegen=
wärtigen Welt und unserm Zusammenhange mit derselben gehören,
ist wohl der unerschütterlichste Grund einer sichern Ruhe: alle
unsre Sorgen auf den zu werfen, der uns zugesagt hat, daß
Er für uns sorgen (1. Petr. V, 6.), weder uns noch die unsrigen
verlassen, noch versäumen (Matth. XXVIII, 20.), den Geist
und Einfluß seiner Gegenwart uns gönnen wird — alle Tage
bis an der Welt Ende (1. Petr. II, 2.).   Wir haben an der
logischen lautern Milch des Evangelii ein festes prophetisches
Wort (2. Petr. I, 19.), dessen Leuchte die Dunkelheit unsers
Schicksals vertreibt, bis der Tag anbrechen und der Morgenstern
aufgehen wird.   Wir haben einen Versöhner und Fürsprecher,
der uns erlöst hat von dem eiteln Wandel nach väterlicher
Weise und dessen Blut bessere Dinge redt als des ersten Mär=
tyrers und Heiligen (1. Thess. I, 3.). — Ihm trauen Sie, daß
Er jedes Werk des Glaubens, jede Arbeit der Liebe und
die Geduld unsrer Hoffnung aus Licht bringen, treu und
reichlich vergelten wird.

Hierin besteht das Alpha und Omega meiner ganzen Pilo=
sophie, an der ich täglich zu meinem Troste und Zeitvertreibe
saugen und kauen muß. Mehr weiß ich nicht und verlange auch
nichts mehr zu wissen.   Trotz meiner unersättlichen Lüsternheit
und Neugierde finde ich nirgends — als in diesem Einzigen
das wahre göttliche All und Ganze für jedermann, ohne An=
sehen der Person und des Geschlechts.

Heute sind es bereits acht Tage, Gnädige Fürstin, daß
ich hier bin, ohne noch das geringste in Rücksicht derjenigen
Kleinigkeiten vorgenommen zu haben, die mich aus Münster

zogen. Ich bin durch meine Gesundheitsumstände und theils durch Angelegenheiten zerstreuet worden, von denen ich mir dort nichts träumen ließ, und die ebenso sehr meinen schwachen Kopf als mein Gemüth und Mitgefühl angreifen. Ich habe diesen Nachmittag meinen Abschluß mit diesen Nebensachen gemacht. Ohne um Nachsicht für meinen verworrenen Brief zu flehen, hoffe ich bei meiner Rückkunft, nicht ohne Bewegungsgründe und Anlaß Ew. Durchlaucht desto öfterer beschwerlich zu fallen, und ersterbe mit der tiefsten Ehrfurcht und den innigsten Wünschen für das Wohl Dero Hohen Hauses

Ew. Durchlauchten

Meiner Gnädigen Fürstin
unterthänigst verpflichteter Diener
Johann Georg Hamann.

Welbergen, den 11. Christm. 87.

Von Lamezan.

Durchlauchtige Fürstin!

Euer Durchlaucht Gnädiges Schreiben erhalte ich zu einer
Zeit, wo ich eben wegen Angelegenheit meines Erziehungswesens
hülfe= und trostbedürftig war. Ich fing nemlich an zu zweifeln,
ob bei einem meiner Pflegebefohlnen die täglich wiederholten
Warnungen zu etwas fruchten würden, und in dieser Hinsicht
war ich in Gefahr auf einer Seite vielleicht dem Zögling zu
zu viel zu thun; oder auf der andern die Liebe von meiner
Seite zu verlieren. Hier kam mir nun unseres unvergeßlichen
Hamanns treffender Satz des anhaltenden Säens und des
nicht ängstlichen Zuhorchens bei dem Wachsthum; wie auch die
reichhaltige Anwendung Euer Durchlaucht auf den evangelischen
Satz des Glaubens und nicht Sehens vollkommen zu statten,
und ich muß zuvörderst für diese Stärkung, die mich ungemein
erleichtert und auch für die Zukunft aufmerksamer gegen alles
rasche Beurtheilen gemacht hat, innigst aus ganzer Seele danken.

Hamann's letzte Worte und Gedanken aufzufassen und zu
bewahren war also Euer Durchlaucht vorbehalten? und wie
muß es dem betagten Mann noch in seinen letzten Augenblicken
wohl gethan haben dieses Labsal von der Fürsicht zu erhalten?
Seine Asche ruhe im Segen und sein Geist schwebe über seinen
hinterlassenen Freunden! Nur bitte ich, daß nicht auch vollens
sich die Nachricht bestätige, die wir heute von Herrn von K.
hören, daß Hemsterhuis auch tödtlich krank in Münster darnieder=

liege. Dieser zweite Schlag müßte Euer Durchlaucht vollens niederbeugen. Ich will beten, daß dieses nicht geschehe.

Daß Hamann ein wahrer Christ war, dieses von **Euer Durchlaucht** zu vernehmen, ist mir Trost gewesen. Es ist heutigen Tags ein so mißliches Ding um den Namen eines Christen, daß ohne sicheren Bürgen man diesem zu freigebig verschwendeten Namen nicht trauen darf. Ohne Zweifel werden nun auch Euer Durchlaucht manchen Aufschluß seiner Schriften haben, die wahrlich ohne Schlüssel uns in der Ungewißheit lassen, ob wir durch sie an das Ziel oder in Irrwege gerathen. Ich sah einst Buchholz, der immer in Hamanns Schriften mehr sah, als der Verfasser selbst wollte; das aber ist das Schicksal aller Autoren, die dem Geist einen andern Körper des Buchstabens geben, als der in unserm Weltton bekannt ist.

Innigst bin ich wegen Buchholzens glücklicher Veränderung gerührt, und O! wie wünsche ich, daß diese Veränderung Gedeihen habe. Einst muß doch das viele Vortreffliche, was in Ihm liegt, seine Reise bekommen, sich setzen und zu einem ganzen minder schwankenden System aufwachsen. Der die Wurfschaufel in der Hand hat, wolle seine Tenne säubern. Noch schmerzt mich ein Wort, das ich vor einigen Jahren auf seiner letzten Reise hörte und das ich nur Euer Durchlaucht im Vertrauen sagen darf. Er sagte mir: Ich bin nicht mehr katholisch. So gewiß ich damals war, daß dieser Gedanke Ihn einst reuen würde und so wenig ich damals unternahm, seine Gedanken Reihe zu unterbrechen, so blieb es mir doch unvergeßlich und ich schrieb in mein Bemerkungsbuch nur die Worte: Jüngling! so gewiß und sicher du auch an der inneren Kirche angeheftet bist, so verwirf doch die äußere nicht, sie wird dir noch

11

einst unentbehrlich sein.   Ich hoffe, dieser Zeitpunkt solle bald
kommen. Wir können in dieser Zeitlichkeit des Buchstabens nicht
entbehren; aber bei dem Buchstaben stehen bleiben, das ist Fehler.

Zur Bücherübersendung weiß ich keine besondere Gelegen=
heit; aber ich will gern das Postgeld zahlen, wenn Euer Durch=
laucht mir solche durch den Postwagen übermachen wolle. Jede
Belehrung von Ihnen ist mir gewiß die verehrungswürdigste,
und wie glücklich würde ich sein, wenn ich ein Schüler Euer
Durchlaucht werden dürfte.   Ich darf bitten (und die Gnade
Euer Durchlaucht gegen mich macht mich dreist hierzu) mir nichts
von den Fehlern vorzuenthalten, die Sie an mir bemerkt haben,
und auch das, worin ich noch nicht auf dem Punkt bin, auf
welchem ich sein sollte, mir offen zu sagen. Jedes Lob ist Gift
für mich und jede Erniedrigung wahre Arznei.

Erlauben Euer Durchlaucht, daß ich am Schlusse meines
Briefes nochmal meine Danksagung für die vielen mir voriges
Jahr bezeugten unverdienten Gnaden aus innigstem Herzen ab=
statten und zugleich mich zu dero gütigsten Nachsicht und huld=
reichem Andenken empfehlen darf. Unter die merkwürdigsten
Augenblicke meines Lebens, die der Fürsehung ich danke, gehört
sicher der, in welchem ich das Glück hatte, die Bekanntschaft
Euer Durchlaucht zu machen, und diese ferner nebst dero hohem
Wohlwollen zu verdienen, wird das Ziel der ehrfurchtsvollen
Gesinnungen sein, mit denen ich mich unterzeichnen darf

Euer Durchlaucht

unterthänigster Diener

Manheim den 4. Sept. 1788.   Lamezan.

N.S. Darf ich es wagen, Euer Durchlaucht zu bitten, an
des Herrn von Fürstenberg Excellenz meinen gehorsamsten Em=
pfehl zu melden.

Durchlauchtige Fürstin!

Die von Euer Durchlaucht mir gnädigst zugesendeten Bücher
habe ich gestern durch einen Herrn von Bruchsal, den ich aber
nicht gesehen habe, erhalten und ich halte es für meine vor=
gängige Pflicht diesen Empfang zu bescheinigen und für diese
hohe Gnade zu danken.

Mit der Hülfe des Höchsten werde ich diese Bücher in dem
Sinn lesen, welchen ich vermuthe, daß Euer Durchlaucht wün=
schen, daß ich daraus ziehen soll, nämlich: daß nicht allein der
Verstand mit müssigen Bildern beschäftiget, sondern hauptsächlich
das Herz besser und wärmer in Erfüllung seiner Pflichten werde.
Mir wenigstens ist dieses der Wegweiser in Beurtheilung der
Bücher, besonders im metaphysischen Fache, an welches sich zu
wagen nur den größten Geistern, aber auch diesen nur dann,
wenn sie nebst Erfahrung und Vernunft auch Glauben zur
Stütze der Vernunftlehre annehmen, erlaubt ist.

Nach diesem Grundsatz erlauben Euer Durchlaucht mir
vielleicht einst meine Meinung frei zu sagen, wenn schon das
Verdienst solcher Männer entschieden ist, denen wir immer
danken müssen, daß sie durch Mittheilung neuer Ideen unsere
Verstandeskräfte geübt haben.

Bis dorthin erlauben Höchstdieselben, daß ich mich zu fer=
neren Hulden und Gnaden empfehlend in tiefster Verehrung
mich nennen darf

Euer Durchlaucht

unterthänigster Diener

Lamezan.

Mannheim den 7. Octbr. 1788.

11*

Von Büsch.

Hochgeborne Fürstin!

Es wird Ihnen gewiß nicht schwer werden, gnädige Fürstin, sich die Lage eines Mannes zu gedenken, der nach einer Abwesenheit von beinahe sieben Wochen auf einmal in den Faden seiner so lange abgebrochenen Geschäfte sich wieder hinein finden soll, um ihm die Versäumung einiger Posttage zu verzeihen, bevor er sich einer Pflicht entledigt, die ihm so wichtig sein muß, als der Dank für die mir so viele Tage durch bewiesene Freundschaft. Denn so werde ich das benennen dürfen, was ich in dem Dank an jede andre Person Ihres Ranges durch keine andre Benennungen auszudrücken wagen würde, als die auf eine Erinnerung meines durch Stand und Geburt bestimmten Abstandes deuten, welchen Sie, gnädige Frau! einen jeden so bald vergessen machen, den Sie Ihres Umganges würdigen.

Ich langte hier mit der Eile, die ich mir vorgesetzt hatte, am nächsten Sonntage an, ungeachtet ein Unfall mit dem Wagen, der in der Heide diesseits Osnabrück in Stücke brach, mich einen halben Tag aufhielt. Freund Marum aber holte es nach, und ich bin schuldig, seine Bitte zu erfüllen, daß ich doch meine Zufriedenheit mit ihm schriftlich bezeugen möchte.

So sehr auch mein Aufenthalt in Münster verlängert ward, so habe ich doch versäumt, mir in den letzten Tagen die Bemerkung verschiedener Aufträge auszubitten, welche sowohl Sie als des Herrn Ministers Excellenz mir mitzugeben dachten und von welchen in den ersten Tagen flüchtig geredet ward. Ich erbitte mir dieselben noch jetzt, sowie jeden andern Auftrag, welchen zu erfüllen meine Lage und mein Aufenthalt mich fähig macht. Als einen Beweis, daß ich mich auch an Kleinigkeiten erinnere, lege ich einen Hamburgischen Bank=Zettul bei, wiewohl ich kein andres Exemplar zur Hand habe als dies ziemlich be= schmutzte und bei ähnlichem Unterrichte ausgefüllte.

Ich freue mich nicht nur selbst der Hoffnung, sondern habe sie schon meiner Frau und verschiedenen meiner Freunde mitge= theilt, daß wir das Glück haben werden, Sie gnädige Frau! mit meinen lieben so wißbegierigen Lehrlingen im nächsten Sommer hier zu sehen.

In gleicher Hoffnung empfehle ich mich des Herrn von Fürstenberg Excellenz in dem vollkommensten Respect, mit wel= chem ich auch unabläßig beharre

Hochgeborne Frau
Gnädige Fürstin

dero

ganz gehorsamster Diener
J. G. Büsch.

Hamburg den 8. Sept. 1788.

Hochgeborene Fürstin
Gnädige Frau.

Zu einiger Entschuldigung meines so späten Schreibens werde ich anführen dürfen, daß ich in der großen Winterkälte zu häuslich und zu fleißig gewesen bin. Dies hat den Nutzen,

den die so angenehme Reise für meine Gesundheit gehabt hatte,
welche mich zu Ihnen führte, so sehr vereitelt, daß ich nun schon
bald drei Monate durch Hypochondrie und Schlaflosigkeit büße,
von welcher mich nur halber Müssiggang, Bewegung und Zer=
streuung wieder herstellen können. So sehr dies der Wahrheit
gemäß ist, so gewiß und gerne werden Sie, gnädige Frau! mir
verzeihen.

Ich wünsche zu erfahren, daß dieser schwere Winter nicht
Ihnen die Krankheit wieder zugebracht hat, über welche Sie sich
letzthin beklagten und daß des Herrn von Fürstenberg Excellenz
in Ihres Herrn Bruders Antritt Seiner hohen Würden genug=
same Aufheiterung nach dem aus dem Verlust Ihres ältern
Herrn Bruders entstandenen schweren Kummer gefunden haben
mögen. Der Tod nimmt uns unsre Angehörigen und gibt sie
nicht wieder: Und so müssen wir auf die Freuden hinaussehen,
welche die Nachbleibenden uns noch geben können und wenn
diese entstehen, sie wenigstens als einigen Ersatz vorhergehender
Verluste annehmen.

Ich hielt mich freilich sehr gewiß, daß Sie, gnädige Frau,
auf meinen wenigen Unterricht sehr vieles nachbauen würden.
Daß ich sehr wünsche, davon mehr zu erfahren und mich des
Ruhms zu freuen, zu einem so guten Aufgebäude einen guten
Grund gelegt zu haben, werden Sie gern annehmen. Und
diese Freude werde ich ja haben, wenn der Entschluß, dem Sie
so nahe waren, Ihre diesjährige Sommerreise nach Hamburg
zu thun, Bestand behält. Fast mögte ich, um denselben zu
befestigen, das ganze Ansehen eines Lehrers mir anmaaßen, als
ein solcher Sie, gnädige Frau, mit meinen beiden andern lieben

Lehrlingen zu einem solchen Examen nach Hamburg etwa auf
die Mitte dieses Sommers feierlich citiren und des Herrn von
Fürstenberg Excellenz einladen, bei diesem Examen mit dem-
jenigen Interesse gegenwärtig zu sein, welches ich Sie so lebhaft
an dergleichen Handlungen in Münster nehmen sah. Dieser
Tage hörte ich, wie durch ein Gerücht, daß der Herr Geheime
Rath Jacobi in diesem Sommer nach Hamburg kommen würde.
So wenig Zuverlässigkeit mir darin noch zu sein schien, so deute
ich doch schon diese Tage als eine Bestätigung Ihres Ent-
schlusses zu uns zu reisen aus, und daß Herr J. mit Ihnen
reisen werde.

Daß Sie, gnädige Frau! nicht in der Lesung meines
zweiten Buches von dem Geldsumlauf die Schwierigkeit finden
würden, welche so manche Leser darin zu finden sich beklagt,
dafür war mir Ihr philosophischer Geist Bürge. Mir hat dies
Buch mehr Schwierigkeit in der Ausarbeitung gemacht, als alles
übrige. Aber ich hatte doch, um mich gewiß zu machen, daß
ich den besten verständlichen Ausdruck gewählt hätte, es mir von
einem meiner Schüler vorlesen lassen und jede Stelle umgeändert
und so lange einen Ausdruck dem andern substituirt, bis dieser
mir sagte, nun sei ihm alles deutlich.

Stauart's Werk ist eines von denjenigen Büchern, dem ich
das meiste zu danken habe. Dennoch gestehe ich, daß ich es
nicht ganz und der Ordnung nach gelesen habe. Ich ließ mich
durch die Rubriken der Abschnitte und Capitel leiten, überschlug
manches derselben, aus welchem ich nicht viel zu lernen er-
wartete und las das zwei-, ja dreimal, was mich mehr belehrte.
Weil ich die Ehre zu haben hoffe, Sie hier zu sehen, so behalte

ich mir vor, Ihnen diese Abschnitte und Capitel auszuzeichnen. Sonst würde ich es schon in diesem Briefe thun.

Ich habe die Ehre, mit ganz unbegrenztem Respect zu sein

Ew. Hochgeborenen Gnaden

ganz gehorsamster Diener

J. G. Büsch.

Hamburg den 4. Mai 1789.

Von Joh. Michael Hamann.*)

Königsberg den 3. Nov. 88.

Durchlauchtigste, gnädigste Fürstin!

Ich schäme mich vor mir selbst, daß ich der Stimme meines Herzens und dem Gebot meiner Pflicht so lange un= gehorsam gewesen bin und es bis jetzt aufgeschoben habe, Ihnen so gut ich's kann, zu zeigen, daß mein Herz nicht so ganz fühllos gegen Ihre überschwengliche Güte war. Gewiß, mit der größten Rührung denke ich noch an die Wohlthaten zurück, die Sie an einen Jungen verschwendeten, der sie nie verdient hat und nie verdienen wird. Es müßte kein guter Blutstropfen mehr in mir sein, wenn ich jemals Ihres erhabenen Geistes und Ihres mütterlichen Herzens vergessen könnte. Wahrlich! Es gibt kein größeres Glück für den Jüngling, als wenn seine Jugend von dem Einfluß edler und guter Geister genährt wird. Mir ist es geworden und ich kann Gott nicht genug dafür danken. Wie oft ich an Sie denke, ist unaussprechlich, da der Gedanke an Sie unmittelbar mit dem Gedanken an meinen lieben seel. Vater verbunden ist. Den vermisse ich jetzt sehr.

---

*) Kraus schreibt in seinem Leben S. 341 über ihn, daß ganz Kö= nigsberg, wo er an der altstädtischen Schule als Conrector angestellt wor= den, ihn als den Reformator des Schulwesens betrachte und schätze, und daß dessen Andenken, so oft ihn etwas an ihn erinnere, seine ganze Seele erheitere.

Wie der Lahme, der seine Krücken fortwirft, in der Meinung schon stark zu sein und dann erst recht sein Bedürfniß fühlt, so werde ich auch täglich immer mehr gewahr, wie wenig ich mich noch auf meine eignen Füße verlassen kann. Ich suche den Mangel seiner Gegenwart durch das Lesen seiner Briefe zu ersetzen und ich möchte fast sagen, daß ich ihn jetzt nach seinem Tode besser kenne, als ich ihn im Leben gekannt habe. Den größten Theil seiner nachgelassenen Papiere habe ich Herrn Geh. R. Jac. übersandt. Der übrige enthält fast lauter Briefe aus seinen jüngeren Lebensjahren und meist unleserliche Ent= würfe. Mir liegt noch immer eine Wallfahrt nach seinem Grabe im Sinn und ich werde gewiß alle Umstände, die sich von mir lenken lassen, zur Ausführung dieses meines Projectes nutzen. Wie spät oder wie früh diese sein werde, kann ich selbst nicht absehen.

Ich weiß nicht, ob Ihnen einige Nachrichten von unserer jetzigen Lage und Umständen angenehm sein werden, eben so wenig weiß ich, ob sie Ihnen nicht schon durch den Herrn Geh. R. Jac. bekannt geworden sind, deswegen will ich Sie lieber damit verschonen. An den Mitteln, unsre nöthigsten Bedürfnisse zu befriedigen, soll es uns hoffentlich nicht fehlen. Meine älteste Schwester hat sich kein schlecht Talent erworben und es wird ihr gewiß reichlichen Wucher bringen. Ich selbst hoffe bald, keiner Unterstützung mehr zu bedürfen und meine mittelste Schwester ist auch durch einen so wunderbaren Zufall auf drei Jahre versorgt. Die Pension, um die Madame Courtan, eine alte Freundin meines Vaters, in Berlin angehalten hatte, ist einem andern zu Theil geworden und ich zweifle, ob wir viel daran verloren haben. Ich studire jetzt vorzüglich mein

Latein und Griechisch und dieses Studium, vor dessen Umfang ich immer mehr zurückbebe, wird auch wohl mein künftiger Beruf werden. Wenn sich mein Stammeln über kurz oder lang verliert, so steht mir auch der Weg zum Prediger offen. Fleißig bin ich ziemlich, doch ist ein großer Abstand zwischen meinem Vorsatz und jetzt der Ausführung in der That, aber es heißt: „Zum Laufen hilft nicht schnell sein."

Erinnert sich noch Mitri meiner? Der wird jetzt wohl schon recht bewandert auf dem classischen Boden sein. Ich wünschte, daß ich derjenige hätte sein können, der ihn auf demselben einführte. Ich erinnere mich seiner mit vielem Vergnügen und wenn er es nicht übel nimmt, werde ich in dem nächsten Briefe an Herrn Buchholz mich ihm mit eigner Hand wieder in's Gedächtniß rufen.

Aus dem Briefe des Herrn Buchholz sehe ich, daß Sie schon an die Ueberschickung meiner übrigen Sachen gedacht haben. Wenn ich wünschen dürfte, so würde ich sie mir gern noch vor dem neuen Jahre herwünschen. Aber ich bin zu dreist und mißbrauche Ihre Güte. Wenn Sie irgend einmal Gelegenheit haben werden, sie ohne viel Mühe und Umstände zu befördern, so werden Sie sich gewiß meiner erinnern. Dürfte ich mir dann auch wohl zugleich die beiden Collectaneen-Bücher meines seel. Vaters ausbitten? Es stehen Auszüge aus Büchern darin, die mich jetzt sehr interessiren und die ich auf keine Weise hier bekommen kann.

Meine eingeschränkte Zeit, gnädigste Fürstin, erlaubt mir nicht, mehr zu schreiben. Uebersehen Sie, was in diesem Briefe Ihnen mißfallen sollte und glauben Sie wenigstens, daß es Wahrheit ist, wenn ich sage, daß ich niemanden so kindlich

verehre und tiefer hochachte als Ew. Durchlaucht.   Wenn ich
Ihre unendliche Güte und Nachsicht nicht schon kennte, ich würde
nicht so reden.   Lassen Sie sich noch ferner einen Jüngling
empfohlen sein, der mit dem dankbarsten und gerührtesten Herzen
sich nennt

Johann Michael Hamann.

Von der Kaiserin Catharina von Rußland.

Madame la Princesse de Galitzin; J'ai reçu votre lettre du 6 Fevrier, dans laquelle vous M'offrez une collection de pierres gravées, que vous possédez a titre de legs de feu Mons. Hemsterhuys. Je suis fachée de vous dire que les embarras et distractions d'une guerre que je n'ai pas encore finie, M'empêchent de songer dans ce moment-ci à de pareilles acquisitions et que Je dois renvoyer à d'autre tems ces objets de fantaisie et de pur delassement. N'en soyez pas moins persuadée que Je rends justice aux motifs qui vous ont guidé dans votre présente démarche; ils font autant l'éloge de vos sentimens que de la solidité de votre esprit.

Les empreintes dont vous avez eu l'attention d'accompagner votre lettre et qui ne doivent pas être séparés de la collection, à laquelle elles appartiennent, vous les recevez de retour. Je suis très — parfaitement

Madame la Princesse de Galitzin

Votre bien affectionnée

Catherine.

à St. Petersburg ce 29 Mars 1791.

Von Fürstenberg.

Voici Madame mon avis sur le voyage de Mitri que je soumets à votre jugement. J'y ai mûrement pensé.

Eine Reise nach Amerika halte ich für Mitri höchst nütz=lich.*) Sein Kopf ist durch gründliche Unterweisung und Uebung sehr ausgebildet. Die Energie muß in Bewegung gesetzt werden. Was weite Reise, Seereise, fast ganz unter Fremden für eine Macht hat, um den Menschen zu entwickelen, seine Thätigkeit zu reizen, ihn zum Gebrauch seiner Kräfte zu nöthigen, ist bekannt.

Amerika ist jetzt für einen, welcher mit Beobachtungsgeist reisen will, ein äußerst interessantes Land. — Nur das politische; der erste Versuch einer theoretisch calculirten ganz eigenen Ver=fassung mit ihren guten und mißlichen Folgen, Wirkungen auf Energie, Leidenschaften, Sitten, auch auf Industrie und Handel; jetzt vermuthlich der wahre Augenblick, um alles in Bewegung zu beobachten; ein äußerst reiches Feld für den politisch=philo=sophischen Beobachter. Mitri hat viel reine Mathematik, ziemlich viel Astronomie, Mechanik und Physik, ist mit der alten und der Teutschen Geschichte sehr psychologisch bekannt, hat sehr viel Psychologie und sehr practisch, ist folglich durch die Erziehung sehr gut vorbereitet. Nun kommt es darauf an, daß er in Amerika so viel möglich, selbst beobachten, selbst urtheilen

*) Dieselbe erfolgte im August 1792, nachdem, wie F. in einem Briefe an den Fürsten Gallitzin vom 7. desselben Monats bemerkt, alle Projecte, ihn den Feldzug mitmachen zu lassen, gänzlich gescheitert waren.

lerne; die Thatsachen muß er zu erfahren suchen, die Causal=
verbindungen selbst deduciren. Muß zu dem Ende einen Be=
gleiter haben, welcher ihm zu den ersten Bekanntschaften nützlich
sein und dessen Urtheil oder Vorurtheil auf das Urtheil von
Mitri doch nicht zu viel Einfluß habe. Er muß da lernen
selbst urtheilen. Der Begleiter muß zugleich ein vernünftiger,
moralisch guter Mann seyn, welcher für desselben Gesundheit ꝛc.
Sorge und Nachricht gebe.

Der Vorschlag Mitri zum Washington zu schicken hat für
mich etwas bedenkliches. Man hat zwar die ganze Erziehung
hindurch getrachtet, Mitri in der Folge für blindes Annehmen
fremder Meinungen und Vorurtheile zu bewahren, aber er ist
noch jung, schwach und eitel, der Ruf von Washington ist für
ihn zu imposant, desselben Meinung, auch wohl Sitten würde
er aus Verehrung und Gefälligkeit vielleicht unüberlegt annehmen.
Man weiß die Wirkung, welche ein großer Mann auf einen
jungen Menschen thut. Und wer kennt unter uns Washingtons
religiöse und sittliche Grundsätze, desselben politische Moral. Der
Vorschlag hat Bedenklichkeiten. Und dann die Reise nach Amerika
ist ein schöner viel versprechender Debut in der Welt, welche
Carriere Mitri immer anfangen will. Er hat da Originalein=
richtungen beobachten können. Aber für einen Zögling von
Washington gehalten zu werden könnte in den jetzigen Zeiten
auch wohl einem jungen Mann bei desselben Debut sehr hinder=
lich sein. Ich bleibe bei dem unseren ersten Gedanken. Wenn
der General Schmettau uns aber beistimmt, so wird es sehr
nützlich seyn, daß er sich ganz cathegorisch herauslasse, unseren
Gedanken als die vraie manière de depayser gutheiße, dann
ist der Prinz vermuthlich auch zufrieden.

Von Kleuker.

Meine liebenswürdige Fürstin!

Mit gerührtem Herzen lese ich so eben Ihr Schreiben von gestern; und weil die Post noch nicht weg ist, so will ich Ihnen nur in zwei Zeilen melden, daß Sie mir Ihre Papiere und uns beiden Ihre unschuldige Mimi ganz sicher anvertrauen können. Ich bedaure Sie nur, Gott weiß es! wegen der Verlegenheit und Sorgen, worin Sie jetzt leben müssen. Ihre Tochter soll bei uns leben können, wie Sie es wünschen und sie selbst es bisher gewohnt war. Meine Frau ist jetzt nicht zu Hause; ich bin aber gewiß, daß sie in diesem Punkte einerlei mit mir will und bin zugleich überzeugt, daß sie keine unschuldige Seele in keinem Betracht verderben kann. Wegen des Uebrigen will ich das Nöthige mit ihr schon verabreden.

Vor einer Stunde hörte ich, daß nach einem hier umlaufenden Briefe die Franzosen bei Lüttich einen schrecklichen Verlust gehabt und einige tausend Mann auf dem geräumten Schlachtfelde gelassen hätten. Sollte diese, freilich noch nicht sichere Nachricht nicht ganz falsch sein, so möchten die Franzosen wohl so bald noch nicht nach Münster kommen können. Nun wir wollen Alles Gott anheimstellen und hoffen, daß wir mehr fürchten, als kommen wird. Es ist mir indessen ein wahrer Trost und meiner guten Frau gewiß auch, daß wir im Stande sind, Ihnen, Liebenswürdige, unter den jetzigen Umständen einen Theil Ihrer Sorgen zu vermindern. Gott sei mit Ihnen und erhalte uns im Glauben an seine Liebe und Vaterhuld. Von Grund meines Herzens

Ihr

treu ergebenster

In größter Eile.   Kleuker.

Von Goethe.

Auf Ihren vertraulichen Brief, verehrteste Freundin, hätte ich früher geantwortet, wenn ich etwas erfreuliches hätte zu sagen gehabt. Leider sind diejenigen von meinen Gönnern und Freunden, die ansehnliche Summen Geldes auszugeben haben, ohne entschiedene Neigung zur Kunst. Der Herzog von Gotha, der viel anschafft und sich an Gemälden und Münzen freut, scheut sich gleichsam vor einer neuen Liebhaberei, bei der so viel bedenkliches zusammenkommt; denn nichts ist vielleicht schwerer als eine sichere Kenntniß von geschnittenen Steinen.*)

Ich habe vor kurzem mit einem sehr einsichtsvollen Freunde die Abdrücke, die noch in meinen Händen sind, abermals durch= gegangen, da wir uns denn von dem großen Werth der Originale überzeugten. Wie schwer ist's aber, solche Ueberzeugung auf andere fortzupflanzen!

Wir dachten auch schon Umrisse von den Gemmen mit einer kurzen Rezension herauszugeben, um dadurch die Samm= lung bekannter zu machen, so wie überhaupt die Menschen etwas mehr Respect vor den Dingen haben, wenn sie in Kupfer ge= stochen, oder im Druck irgendwo angeführt sind. Allein auch dieses hat seine Schwierigkeiten, weil es baare Auslagen er=

---

*) Das Nähere über diese späterhin von dem Könige der Niederlande angekaufte Gemmen=Sammlung in Göthe's Werken. Ausg. in 12°. Bd. 39 S. 313.

fordert und man ohne Aufopferung wohl keinen Verleger finden
würde.

Soviel wüßte ich zu sagen und überlasse Ihnen nun, ob
Sie mir etwa die geringste Summe melden wollen, um die Sie
allenfalls die Sammlung überließen. Auch ob Sie mir die
Steine wiederzuschicken wollten; denn freilich macht der Anblick
solcher Waare wieder Luft, da man sich gegen den Gedanken
noch immer allenfalls vertheidigen kann. Ich würde sie alsdann
sogleich dem H. von Gotha vor die Augen bringen, auf den
ich allein noch einige Hoffnung habe.

Wie sehr wünschte ich, da sich über ein Geschäft noch allen=
falls schreiben läßt, mich über manches andere mündlich mit
Ihnen zu unterhalten. Seitdem wir uns gesehen, habe ich
manche Lebens= und Bildungsepochen überstanden und auch Sie
sind gewiß vorgerückt. Welche neue Vortheile würden uns aus
der Mittheilung entspringen. Doch eben bedenke ich, daß gerade
in diesem Augenblick der äußere Zustand um Sie her sich völlig
zu verändern droht, welches doch auch auf mancherlei Weise
auf Sie einwirken muß. Leben Sie recht wohl und wie Sie
Sich selbst gleich bleiben, so bleiben Sie auch meine Freundin.

Goethe.

W. den 20. Juli 1802.

Anhang.

Briefe an Buchholz und Fürstenberg.

Joh. Georg Hamann an Buchholz.

Fortgesetzt den 24. Febr. am Tage St. Matthias.*)

Ich komme von meinem Jacobi,**) wo ich Mittag gehalten und die mir vorgeschriebene Quittung unterzeichnet, dagegen einen Wechsel über 12600 fl. erhalten. Es ist ein rechtschaffener, sehr vorsichtiger Mann, wie Sie werden ersehen haben. Bei den abgeredeten Bedingungen bleibt es auch, daß meine Kinder, wenn sie sich mit göttlicher Hülfe ziehen lassen, es Ihnen zu verdanken haben sollen, und mir die bloße Verwaltung über Zinsen zueignen. Sie behalten also Ihr volles Recht auf das Eigenthum des Hauptstocks, das Agio des Goldes ausgenommen, im Fall meiner Reise oder Wallfahrt.

Eile mit Weile — unterdessen ich mit Eile warten werde, wie St. Petrus 2, III. 12 auf Ihren Hauptbrief bis er kommt; denn von diesem hängt Faden — Zahl, Maaß

---

*) Ist die Fortsetzung des in Hamann's Schriften Bd. 7 S. 217 befindlichen Briefes vom 22. Febr. 1785.

**) Berühmter Banquier in Königsberg.

und Ziel meiner Entschließung und Erklärung derselben ab — und
die rechte Bestimmung alles desjenigen, was ich bisher auch an
J. zum Zeitvertreib geschrieben habe, um mich selbst auf alles
vorzubereiten, das Schwere mir leicht und umgekehrt vorzustellen.

Meine erste Sorge soll jetzt sein, mir ein ganz neues
Schreibzeug anzuschaffen; denn bisheriges ist ausdrücklich dazu
bestimmt, mir alles Schreiben und jedermann alles Lesen des=
selben, was ich schreibe, zu vereteln. Lav. § 7 an seine Cor=
respondenten ist vollkommen mein eigenes Urtheil und die wahre
Richtschnur desselben über mich selbst und jeden Schmierhans.
Was ich mit meinem Jungen über diesen Punct für Arbeit
habe, können Sie sich nicht vorstellen. Er fing auf dem Lande
mit einer recht guten Hand an, worin Scheller *) ein recht
schönes Muster ist. Meine Freude währte nicht lange, und jetzt
scheint er mir allen Grundstrich beinahe verloren zu haben. In
Rücksicht auf ihn mit kaufte ich die Herzenserleichterung, schickte
ihm selbige mit dem ausdrücklichen Auftrag zu, die einzige
Stelle zu lesen und zu beherzigen.

Ohne besonderen Anlaß bekommen Sie, Mein auserwählter,
mein gewünschter Sohn, keinen Brief von mir, bis ich den
Ihrigen erhalte. Gottes Segen wird mir der Ihrige für mich,
kein Geiz sein — und Ihr Experiment zu einem guten und
glücklichen Wert gedeihen lassen und die Arbeit Ihrer Hand
daran durch Gesundheit, Ruhe und Freude fördern.

Sie haben doch nichts dagegen einzuwenden, falls ich mich
bisweilen des Einschlusses über Düsseldorf bediene. Alle Data,
die ich habe, reichen nicht zu einem Resultat für mich; geschweige

---

*) Lehrer von Hamann's Sohne.

die ihm mitgetheilten — auch mir scheint der Grund und Boden,
auf dem er steht und baut, bald wie ein glattes Eis, bald wie
der tiefe Schneesand vor — und keine panische Furcht noch
Begeisterung, der Weisheit Anfang. Doch diese Sorge bleibt
Gott und jedes eignen Seele anheim gestellt.

Unser Glaube an Eins ist noth! scheint nach einerlei
Melodie zu gehen, an der auch eben nicht so viel als am Text
gelegen, nicht so wohl an den Varianten, als an dem Geist
der Kraft und des Sinns, der lebendig, enthaltsam und frucht=
bar macht.

Mein herzlicher Gruß, Kuß und Dank an L. Der letztere
für Sie bleibt ex respectu parentelae in petto. Gestern
morgen erhielte einen Einschluß aus Schaffhausen in Herders
zweitem Briefe, unterdessen meine Antwort auf den ersten
unterwegs gewesen. Auch Kl. bin ich noch nicht im Stande zu
antworten. Bis ich Ihren Hauptbrief erhalte, bleibt also Ihr
Nachbar unser J. mein einziger Vertraute, den ich zu meiner
retraite allmälig vorbereiten werde, weil ich in meiner Wasser=
und Wein=Diät, wie Asmus aus dem Buch der Maccab. sagt,
alterniren muß.

Ein kleines französisches Schaarwerk, das ich dem dienst=
fertigen und gefälligen Bancodirector Ruffmann, Hippels Nach=
bar und Freunde, übersetzen soll, liegt mir vor Augen und im
Wege, daß ich weder mehr schreiben, noch den heutigen Apostel=
tag aus Hahns kleiner Postill feiern kann. Gott lasse alle
unsere gemeinschaftliche und einstimmige Wünsche und Hoffnungen
und Gesinnungen der Liebe Ja und Amen sein. Ich bin, lebe
und ersterbe der Ihrige en tout sens

Johann Georg Hamann.

Von Johann Michael Hamann an Buchholz.

Blindow in Curland, den 7. Juli 90.

Wie der verlorene Sohn, Ehrwürdiger Mann! erscheine ich
vor Ihnen, mit dem Geständniß: „Ich habe gesündigt in dem
Himmel und vor dir." Wollen Sie mir meinen Jugend-Sinn
verzeihen, so küsse ich Ihnen die Hand und Sie haben mich
froh, sehr froh gemacht. Ich kann mir selbst nicht mehr erklären,
durch welche Zufälle, durch welche Grillen und Irrungen ich
dazu gekommen bin, mich ein Jahr lang muthwillig Ihrem
Angesicht zu entziehen. Daß es in der Reihe der Dinge so hat
sein müssen, kömmt mir wahrscheinlich vor, weil es fast unbemerkt, ganz wider meinen bessern Willen geschehen ist. Der
Mensch hat nach dem liebenswürdigen Xenophon eine bessere
und eine schlechtere Seele. Kann nicht in dieser Epoche und in
diesem Departement meine schlechtere Seele das Regiment gehabt
haben? Doch, was soll das Geschwätz? Sie kennen mich als
einen Knubben, als einen gebrechlichen und paralytischen Menschen,
für den allenfalls Mitleid und nicht Zorn gehört. Mitleid also,
Ehrwürdiger Mann! laß Ihre Strafe sein.

Ich habe vor einem Jahre die wichtige Laufbahn eines
activen Lebens angetreten und es geht mir wohl auf derselben.
Durch Nicolovius werden Sie vermuthlich erfahren haben, daß
ich mich als Lehrer in dem Hause eines Grafen Keyserling
befinde. Hier hat mein Geist und mein bischen Kraft ein er-
wünschtes Feld und mein Herz Gelegenheit zur Bildung und

zum Genuß gefunden. Dies Haus gehört unter die wenigen
Häuser dieses Landes, wo Religiosität und gute Zucht herrscht.
In den meisten wichtigern und reichern Familien ist noch viel
Uncultur und Inhumanität. Der Vater meines Grafen hat
einige Millionen Thaler besessen und sie in wenig Jahren so
verschwendet, daß er seinem Sohn nur einige Tausend hinterließ.
Dieser hat seine Umstände nun gebessert durch die Heirath einer
zweiten Frau, der schönsten und liebenswürdigsten unter den
Töchtern des Landes, die auch zugleich die reichste war. Das
letztere kam bei ihm wenig in Betracht und er wollte sie anfangs
durchaus nicht nehmen, weil er ihre Schätze fürchtete. Sie ist
aber das frömmste, demüthigste, mütterlichste Wesen, das man
sich wünschen kann. Ihre zwei Kinder und ihr armes Volk
machen alle ihre Sorgen aus. Die Welt kennt sie nicht. Meine
Lehrlinge sind seine beiden Söhne von der ersten Frau; talent=
volle Knaben, obwohl in ihren Talenten und Herzen himmel=
weit verschieden. Der ältere, über 14 Jahr, hat einen leicht
und viel umfassenden Geist, ein weiches, mildes Herz, aber
wenig Energie des Characters. Er ist ein großes Genie in der
Musik, spielt das Clavier bewundernswürdig und componirt auch
artig. Der Vater selbst ist Virtuos auf der Flöte und denkt
über seine Kunst, wie Lycurg und Solon über sie dachten. Graf
Heinrich wird in Zukunft reich sein, denn er ist Erbgraf auf
Rautenberg. — Des Vaters Forderung an mich ist nichts mehr,
als daß ich sie mit dem Geist des Griechischen und Römischen
Alterthums vertraut mache, und dies ist auch alles, was ich jetzt
und in der Folge leisten kann. Als mit einem künftigen
Staatsmann, lese ich also mit ihm den Tacitus und den Xenophon,
an denen er auch unendliches Vergnügen findet. Geschichte,

besonders der alten Welt, gehen wir auf eine ausführliche, prüfende Art durch, indem wir oft auch die Quellen zu Rathe ziehen. Der jüngere Graf hat viel Anlage zu einem Bieder= mann; zugleich besitzt er einen kühnen durchdringenden Geist mit viel Talent zur Satire. Durch seinen vorigen Lehrer lief er Gefahr, ein böser Mensch zu werden, denn alles Unkraut, was nur ein Satan in das menschliche Herz säen kann, hatte er gesäet in das seinige. Durch die Pflege seiner braven Eltern ist er seit einem Jahre doch schon so weit gekommen, daß er sich kaum mehr ähnlich sieht. Ich selbst ziehe unsäglichen Nutzen aus meiner Lage. Außer dem, daß ich durch das Lehren meinen Kenntnissen mehr Ausbreitung und Festigkeit verschaffe, gibt mir der unverwandte Hinblick auf das Herz meiner Knaben Gelegen= heit, über mich selbst und die Phänomene menschlicher Seelen überhaupt nachzudenken. Um sich selbst kennen zu lernen, muß man sich in andern, wie in einem Spiegel sehen.

Baaren Gewinnst, auf den hier alles ausgeht, den ich aber herzlich verachte und entbehren kann, finde ich nicht. Mehr als meine Pension beträgt, habe ich in diesem Jahr auf Bücher gewandt, die mir durchaus nothwendig waren und von keinem mir erliehen konnte. Etwas ist auch freilich auf Kosten meiner Bibliomanie zu schreiben. Dadurch bin ich gezwungen, hier vielleicht länger Stand zu halten, als ich sonst Stand gehalten hätte. Mein Plan ist, nach einem oder zwei Jahren auf eine deutsche Universität zu ziehen, dort den kleinen Kreis meines Wissens völlig abzurunden und dann den Ruf zu einer Schul= lehrer=Stelle abzuwarten. Doch kommt alles auf die Leitung der Umstände an. Lange aber möchte ich nicht in diesem Lande bleiben, dessen Geist Wohlleben ist, obgleich ich wirklich in

dem Cirkel unsrer Familie einen Himmel gefunden habe, der
mir nicht so leicht wieder werden möchte. So ein Geist der
Liebe, der Unschuld und der Wahrheit herrscht hier. Meine
Berufsgeschäfte greifen in mein eigentliches Fach und in meine
Neigungen ein. Zeit für mich ist wenig Ueberschuß. Die
Lesung des Tacitus, Livius und anderer Schriftsteller erfordert
eine tägliche Vorbereitung von beinahe zwei Stunden. Gesellig=
keit, die hier Pflicht ist und viel Reize hat, zehrt auch manche
Stunde weg. Die kleinen Segmente also müßiger Viertelstunden
widme ich meiner alten Erbsünde, der Poesie und finde über=
schwengliche Wollust in ihr. Da die Versemacherei in mir bloße
Natur=Gift ist und ich mich nie zu ihren Ergießungen zwingen
darf, so raubt sie mir wenig Zeit, die freilich unter andern
Umständen auf jeden andern Gegenstand besser angewandt sein
würde. Was ich jetzt mit der Feder so hinspiele, hat einen
gelehrten Kritiker gefunden, der ohne selbst Dichter zu sein,
ein wahrer Wetzstein für mich ist. Seiner Scheere hat mein
kleines Blumen=Gärtchen viel zu danken.

Was Sie mir von der Publicirung solcher Arbeiten schreiben,
hat mich lebhaft getroffen. Für die Meisten ist es wirklich ein
Verderben und für die Welt sehr selten Gewinn. Der letztern
sich aufzuopfern halt' ich für Recht. Ohngeachtet aller meiner
Maximen aber, über diesen Punct werden Sie vielleicht in dem
diesjährigen Vossischen Musen=Almanach Pfuschereien von meiner
Hand lesen, die noch aus meinem achtzehnten Jahre stammen.
Ein Freund hat sie nur mit meinem halben Willen ihm zugesandt.

Doct. Lindner habe ich vor kurzem zum ersten Mal ge=
sehen. Wir leben weit entfernt von einander. Er ist Hausarzt
eines v. Korf, welcher Ländereien besitzt, die so groß sein mögen,

als das ganze Münsterland. Er hat eine so vortheilhafte Stelle daselbst, daß er nach eignem Geständniß in diesem Jahre 8000 fl. auf Zinsen gegeben hat. Ueber zwei Jahre will er nach Deutsch= land gehen. Man soll alles an ihm loben, nur seine Geldsucht nicht, der er insgeheim unrechtmäßig opfern soll.

Recht oft werde ich hier an die Manen meines theuren Vaters erinnert, da ich mich in Gegenden befinde, in welchen auch er seine Jünglingsjahre zugebracht hat und allenthalben Männer treffe, die mir von ihm erzählen können. Nächstens will ich einen Prediger besuchen, der mir in seinem Garten manches Denkmal von ihm zeigen will und eine weitläuftige Correspondenz von ihm mittheilen. Kann ich sie zum Abschreiben erhalten, so sollen sie die Copie durch Reisende, die immer von hier nach Deutschland gehen, haben. Das Pastorat liegt etwas weit von hier und ich muß also auf gelegne Zeit warten, um meine Sehnsucht dahin zu befriedigen.

Daß Sie selbst, dem Himmel sei Dank! sich wohl befinden; daß meine Wohlthäterin und die Unterpfänder Ihres Glücks Gesundheit genießen, meldeten mir ein paar Zeilen des Nicolovius, die er mir vor langer Zeit schrieb. Alles Gute von oben herab! Ehrwürdiger Mann! Ehrwürdige Frau! ist der Morgen=Wunsch Ihres undankbar scheinenden, aber dennoch menschlich fühlenden Mündels

Johann Michael Hamann.

Diotime, die Fürstin, soll in Paris sein. Darum habe ich nicht an sie geschrieben.

Von Stolberg an Fürstenberg.

Eutin, den 4. Aug. 1793.

Der Besuch unsrer theuren Fürstin ist mir heilig und lieb wie eine Erscheinung aus jener Welt, und ich darf mich dem vollen Gefühl meiner Freude darüber desto mehr überlassen, da ihr diese Reise sowohl als ihr hiesiger Auffenthalt wohl bekommen ist, und ihr, wie ich hoffen darf, noch hinterher wohl bekommen wird. Was meiner Frau, meiner Schwester und meine Sorgfalt dazu beitragen kann, das soll, wie Euer Excellenz auch ohne meine Versicherung gewiß glauben würden, geschehen. Wir tragen sie auf den Händen mit der Ehrfurcht und Liebe, die diesem weiblichen Engel gebühret, und finden uns unendlich glücklich sie auf den Händen tragen zu können, und empfinden dabei, wie tief verschuldet wir ihr für diesen liebevollen Besuch bleiben müssen. Ein wahres Bedürfniß mich mit dem großen Fürstenberg von seiner geliebtesten Freundin zu unterhalten, würde mich angetrieben haben an Ew. Excell. zu schreiben, wenn ich auch nicht für mich und die meinigen eine Gnade zu erbitten hätte. Unsre liebe Fürstin hat mir erlaubt Ew. Excellenz darum zu bitten. Sie bestehet darinnen, daß Sie so gnädig sein mögen zu bestimmen, wenn Herr Overberg wieder zurück in Münster sein soll. Von dieser Bestimmung wird die Zeit des Aufenthalts der Fürstin in Eutin abhängen. Indem sie mir diese Bitte an Ew. Excell. auf mein Flehen erlaubt hat, hat sie mir zugleich verboten, dringend zu bitten. Ich fühle auch, daß ich dazu kein Recht habe und weiß, daß Ew. Excell. mir aus Edelmuth gönnen werden, was Sie mir gewähren zu können glauben. Mir würde ich es nicht verzeihen etwas ver=säumt zu haben, was die Zeit verlängern kann, in welcher ich des geist= und herzvollen Umgangs einer Freundin genieße, zu deren Füßen ich mein Lebelang himmlische Weisheit lernen möchte.

Es scheinet mir, daß auch die gute Mimi seit 2 Jahren in jeder Absicht liebenswürdiger geworden als sie schon damals war, und wie sehr gewinnen auch die rechtschaffenen Begleiter durch nähere Bekanntschaft. Dieser schöne Besuch bringet einen Segen über mein Haus, dessen Folgen sich in jenes Leben hinein erstrecken werden.

Als ich vor zwei Jahren das Glück hatte zugleich die Bekanntschaft von Ew. Excell., nach welcher ich mich so lange gesehnt hatte, und der lieben Fürstin zu machen, gaben Sie beide mir die schöne Hoffnung, einmal zusammen eine Reise nach Holstein zu unternehmen. O daß diese erfüllet werden möchte! Mit welcher Empfindung würde ich Ihnen mündlich die Versicherung der grenzenlosen und zärtlichen Ehrerbietung wiederholen, mit welcher ich Ihnen von ganzem Herzen und von ganzer Seele ergeben bin und ewig ergeben sein werde.

F. L. G. z. Stolberg.

Eutin, den 21. August 1793.

Diesen Nachmittag ist meine Frau sehr glücklich von einem gesunden Knaben entbunden worden, und in thätiger, köstlicher Gegenwart unserer lieben Fürstin. Diesen Umstand sehe ich schon als eine günstige Vorbedeutung an, aber auch das ist mir eine günstige Vorbedeutung, daß der kleine Junge Euer Excellenz und die Fürstin und unsern Overberg zu Gevattern haben wird. Er wird Johannes Franciscus heißen und wahrscheinlich am Geburtstage der Fürstin in ihren Armen die heilige Taufe empfangen. Wofern auch das Christenthum seine auspicia hat, so kenne ich keine glücklicheren, als diese Gevatterschaft!

Ich habe in dieser Zeit, da die engelreine Fürstin mir durch ihre Gegenwart so unaussprechlich wohl thut, vielleicht der Freude zu viel. Aber wir Christen haben keine Nemesis zu scheuen und wissen, daß Freud und Leid nur verschiedene Vorstellungsarten von Segen sind, wenn wir sie, so wie wir sollen, aus der Hand des Gebers nehmen.

Ich empfehle mich und die meinigen Ew. Excellenz unschätzbarem Andenken, und bin Ihnen mit zärtlicher Ehrerbietung von ganzem Herzen ergeben

F. L. Graf zu Stolberg.

Münster, 4. Juni 1800.

Es ist mir nicht möglich von hier zu gehen, ohne Ew. Excellenz ein Wort von dem zu sagen, wessen mein Herz so voll ist. Sie, Theuerster, Verehrungswürdigster, freuen Sich mit mir der Gnade, welche Gott mir und meiner Frau erzeigt hat,*) Sie nehmen Antheil daran mit einer Liebe, welche thätig

---

*) Am 1. Juni 1800, dem Pfingstfeste, bekannten Stolberg und seine Gemahlin in der Hauscapelle der Fürstin Gallitzin-Overberg ihren katholischen Glauben.

Graf Fr. Leopold Stolberg und seine Zeitgenossen von Menge. Thl. 2 S. 104.

durch Fürbitte uns diese Segen vermehren und sichern wird. Ihr gnädiges eben erhaltenes Schreiben rührt mich tief. — Wie erhebt der Gedanke, daß ich mich auf kurze Zeit von Ihnen und Adeodata trenne, um mit Ihnen beiden künftig zu leben, das Herz! Beten Sie für Ihren mit der zärtlichsten Ehrerbietung Ihnen ganz gehörenden

F. L. G. St.

Nachricht

von den Jugendjahren der Fürstin Gallitzin.

Es war im Jahr 1754, als ich die Nachricht von meiner lieben Schwester erhielt, daß sie ihre Tochter, meine liebe Nièce mit dem Cammerdiener und Cammermädchen abschicken würde, um selbige in ein Kloster zur Erziehung zu übergeben, mich aber zugleich bat, daß ich mich in Breslau zur bestimmten Zeit, selbige zu übergeben, einfinden möchte. Dies geschahe nun auch, und ich hatte das Vergnügen (weiß aber nicht mehr, in welchem Monat) meine liebe Amalie zu empfangen. Sie war 4 Jahre alt, konnte kein Wort Deutsch, embraffirte mich, und ihr erstes Wort war voller Vergnügen: ô ma chere Tante! j'ai un grand panier! Noch denselben Abend mußte ich sie ins Kloster führen, allwo sie zum erstenmal lauter verschleyerte geistliche Jungfrauen erblickte, unter welchen nur Zwey waren, die Mater Ludovica und die Mater Theresia, die mit ihr reden konnten. Ich war in grosser Verlegenheit, als ich das mitgebrachte Mädgen bat, die erste Nacht mit im Kloster zu bleiben, und ich sie nicht dazu überreden konnte, denn da dieselbe Reformirter Religion war, dachte sie, man würde sie nicht mehr heraus lassen; und ich war genöthiget, die Aermste ihrer neuen ziemlich bejahrten Cammerjungfer zu überlassen. Wir

überredeten sie, daß den andern Morgen der Cammerdiener würde
zu ihr kommen, und einige Zeit bey ihr bleiben: Das aber ge=
schahe nicht; ich blieb hingegen 14 Tage bey derselben, bis sie
bekannter wurde; sie fand sich aber zu meiner und aller Verwun=
derung in ihr Schicksal sehr gut. Von dieser Zeit an bin ich alle
Vierteljahre einmal nach Breslau gereiset, um in allem nachzu=
sehen, und fand allezeit zu meiner Zufriedenheit, wie gut sie sich
anließe, in ihren kleinen Beschäftigungen, in Erlernung der Deut=
schen Sprache und im Unterricht im Christenthum. So gieng es
das erste Jahr. Anno 1755 kam meine liebe Schwester selbst
herein und war von ihrer Amalie sehr zufrieden. Ich setzte in=
zwischen meine Besuche nach Breslau immerfort, und meine liebe
Kleine fieng an, auf dem Clavier zu spielen, singen zu lernen,
und auch schon etwas zu Tanzen. Anno 1756 hohlte ich sie in
Breslau ab, und nahm sie mit mir nach Trebnitz zu der Ein=
kleidung meiner Nièce Pillerin; da machte sie viele Freude allen,
die sie sahen, und es gefiel ihr so gut daselbst, daß sie zu mir
sagte: Dieß ist wohl das irdische Paradieß!

Endlich gieng der fatale Krieg an, und Anno 1757 bekam
ich Ordre, meine Amalie und ihren Bruder Carl nach Berlin
zu bringen. Wir blieben 4 Monat allda, und meine Schwester
war sehr wohl mit der Erziehung ihrer Tochter zufrieden. In
Berlin hatte Amalie eben so viel Lehrmeister und Lehrstunden, als
in Breslau. Ihre Mutter bat mich, ich möchte doch Nachsicht
mit ihr haben, weil sie auf Recreation wäre, und ihr manche
kleine Fehler übersehen; ich antwortete: Sehr gerne, denn es wohl
nicht angenehm wäre, immer eine Hofmeisterin abzugeben! Meine

13

liebe Amalie hatte zwar keine Boßheit, aber doch gewisse Ungezo=
genheiten, welche Kindern von 7 Jahren sehr angemessen sind.
Und also währete es kaum Acht Tage, so bat mich die Schwester
sehr, ich möchte mein Amt wieder anfangen, es wäre unaussteh=
lich, alle Unarten zu übertragen. Darauf fiengen denn meine
Moralen wieder an, worüber meine Kleine mit ihrer redlichen
Tante wohl nicht sehr zufrieden zu seyn schiene. Ein kleiner Hund
gab sehr viele Gelegenheit zu unserm Streite, denn Amalie wollte
und mußte einen Hund haben, den trug sie den gantzen Tag
herum, der machte ihr alles zu schanden, und der sollte auch mit
ins Kloster genommen werden: Und ob ich schon meiner Schwester
versicherte, es würde denen Kostfräulen nicht erlaubt, sich auf
solche Weise in ihren Lehrstunden zu stöhren, so half doch alles
nichts; kurz, wir reiseten von Berlin ab, die kleine Comtesse Louise
von Bredow, meine Amalie, ich, zwey Jungfern, und der kleine
Hund, alle in einem Wagen, welche Reise mir wohl sehr schwer
fiele. Wir kamen nach Grünberg, und logirten bey dem dasigen
Ertzpriester; dieser hatte auch einen schönen Hund, welcher viele
Künste machen konnte: meine liebe Amalie kam und sagte zu mir:
Wenn doch mein Hündgen auch so schöne Künste lernte! ich ant=
wortete: Du mußt den Herrn Geistlichen bitten, daß er deinen
Hund hier behält, um alles zu lernen, und wenn du wieder nach
Berlin gehen wirst, so hohlest du ihn selbst ab! Das geschahe
dann, und auf solche Art wurde ich über diesen Umbstand zufrie=
den gestellt, sowie auch die Meisterin im Kloster, die es niemals
zugegeben haben würde, den Hund im Kloster zu behalten. Wir
kamen hierauf glücklich bey mir in Wohlau an; ich behielt meine

zwey Kinder 14 Tage bey mir, womit sie sehr zufrieden waren,
weil sie bey meinen guten Freunden viele Unterhaltung fanden.
Unter andern spielte meine Amalie gerne Carten, und war sehr
verdrüßlich, wenn sie verlohr; Da ich ihr aber durch Moral be=
wieß, daß es kein guter Caractère wäre, wenn man nur des
Gewinstes wegen spielte, und daß es bloß zum Zeitvertreib ge=
schehen müßte, so hatte ich die Freude, zu sehen, daß meine Er=
mahnungen auf das sorgfältigste beobachtet wurden, und, ich
weis zwar nicht, ob es nur zum Schein oder ernstlich geschahe,
meine Kleine zwang sich und spielte genereux wie eine Königin.
Ich brachte sie hierauf im Monat Junio wieder zurück ins Kloster.
Im November gieng die fatale Belagerung der Stadt Breslau
an; es fügte sich alles so geschwinde, daß es mir unmöglich war,
die zwei Kinder aus Breslau herauszunehmen, und sie mußten
alles mit ausstehen. Wie Breslau in Feindes Händen war, konnte
ich noch weniger nach ihrem Befinden nachsehen. Nachdem aber
der König die Stadt wieder eingenommen, und zu eben der Zeit
meine Schwester mit der Prinzeßin Ferdinand nach Breslau ge=
kommen war, und mir schrieb, ich sollte auch hinauf kommen,
und, so lange sie da wäre, daselbst verbleiben, so kam ich in da
maliger Faschingszeit dort an, logirte im Kloster, und fand alles
sehr vergnügt, die zwey Gespielinnen aber in zwey Partheyen
getheilt, meine Amalie gut Preussisch, die Bredowin aber gut
Kayserlich. Die letztere sagte: Bedenke doch, liebe Amalie! wie
gut es uns gieng, als die Kayserlichen Breslau hatten, und was
für guten Sahn zum Caffé wir hatten, vivat Maria Theresia!
Dein Friedrich ist mir übrig! Meine Amalie aber war böse, und
13*

sagte: Ich muß gut Preußisch seyn, mein Vater war Feld=
Marschall, vivat mein König! Dieses hat uns unendlich gefreuet,
und ist von uns allen erzählet worden, auch der Prinzeßin, welche
herzlich darüber lachte. Nun blieb alles auf den vorigen Fuß,
nur daß ich meine Besuche wegen des fortdauernden Krieges nicht
so oft fortsetzen konnte. Wie aber meine Schwester Charlotte in
Anno 1760 aus Wien zurückekam, und bey ihrer Durchreise durch
Breslau unsere Amalie besucht hatte, so brachte sie mir die Nach=
richt, daß sie in Breslau mit Schrecken gesehen, daß man aus
Nachläßigkeit dem Kinde die Hände erfrieren lassen. Ich reisete
also hinauf, und verwieß es der Meisterin, daß für so vieles
Geld (denn ich mußte alle Vierteljahre 78 Thaler bezahlen) nicht
besser Achtung gegeben würde: sie entschuldigten sich, die Kleine
hätte den Winter hindurch immer die gefrornen Fenster mit den
Händen bemahlet, und sie wären es nicht ehender gewahr worden;
da bekam die gute Grünbergin ihren verdienten Verweiß, nicht
besser Obacht gegeben zu haben. Wir gebrauchten für das Uebel
Eyersalbe, und waren gleichwohl in Sorgen, ob es auch noch
besser werden möchte, bevor unsere Amalie ihre Rückreise nach
Berlin antreten würde, welches das Jahr darauf, so wie ich mich
erinnere, geschehen sollte. Es war also in Anno 1761 oder
1762, als sie nach Berlin abgehohlet wurde. Von der Zeit an
habe ich wenig oder gar nichts gehört, als daß mir die Schwester
schrieb, sie hätte ihre Tochter in Pension gegeben, um wieder in
der französischen Sprache geübt zu werden, weil sie solche mehr
vergessen, als besser gelernt hätte. Ju Anno 1765 hatte ich das
Vergnügen, meine liebe Amalie wieder zu sehen, und zwar in

Grätz, bey meinem lieben Schwager Baron Giller, wohin mich
die Schwester bestellt hatte, wo ich dann erfuhr, daß man eine
Heyrath im Vorschlag habe mit dem rc. von Gersdorff auf Netkau, welcher wenigstens auf Hundert Tausend Thaler Vermögen
geschätzt wurde. Wir blieben 14 Tage gantz ruhig und vergnügt
beysammen, ohne den rc. von Gersdorff zu sehen; meine Schwester
beschloß also, eine Reise nach Ober-Schlesien zu der Gräfin
Truchses zu unternehmen, woselbst sie auch 3 Wochen sich auf-
hielte, und bey ihrer Zurückkunft erzählte, was man alles
vorhätte, die Amalie gut zu versorgen, so daß ich den Auftrag
bekam, die Tochter zu der Truchsessin hinzuführen, welches ich
aber der Schwester sehr ausredete, weil die Renommée dieser
Dame sehr schlecht war. Unterdessen kam der rc. von Gersdorff,
machte Bekantschaft, und nach etlichen Tagen wurden schon
Heyrathsanträge gethan. Meine Schwester war sehr von diesem
Menschen eingenommen, wie auch der Baron Giller, weil sein
Caractére von allen, die ihn kannten, gerühmt wurde, und er die
Amalie wie sein Kind liebte. Allein er wollte derselben gar nicht
gefallen, worüber die Mutter sehr unzufrieden wurde, der Tochter
sehr zuredete, und mich endlich an sie schickte, ihr zu melden, sie
sollte den folgenden Tag ihre Entschließung sagen, ob sie den rc.
von Gersdorff nehmen wollte oder nicht, denn sie würde dem
Schwager Giller nicht länger Ungelegenheit machen, und ihr nicht
erlauben, einen Liebes-Roman zu spielen, sondern sie gienge
wider nach Berlin, und dann sollte sie ihr hernach keine Schuld
geben, wenn ihr die Zeit lang werden würde, und sie ihr keine
so gute Heyrath von Familie und ihrer Religion mehr verschaffen

könnte. Meine liebe Amalie lamentirte hierüber sehr; ich sagte:
Wenn du ihn nicht leiden kannst, so bitte ich dich um Gottes-
willen, laß dich nicht überreden, denn in diesem Fall sind die
Kinder nicht verbunden, denen Eltern zu gehorsamen. Amalie
bat alle, so sie ansahe, um ihr Gebet zu Gott, ihr einzugeben,
wie sie sich entschliessen solle. Meine Schwester Charlotte und
ich hatten das größte Mitleiden mit ihr; ich redete ihrer Mutter
sehr zu, daß sie doch ihre einzige Tochter nicht zu etwas bereden
sollte, wo sie nicht durch eigene Liebe dazu angetrieben würde.
Die Mutter aber gab mir zur Antwort: Du kennst sie darinnen
nicht, die Liebe wird sich schon finden! Des andern Tages kam
Amalie und brachte zu meinem Erstaunen die Nachricht, daß sie
zu dieser Heyrath entschlossen wäre, weil ihre Mutter und alle
solche für so vortheilhaftig hielten. Nun nahm meine Schwester
noch zu ihrem Freunde, dem Präsident v. Cocceji, ihre Zuflucht,
und ersuchte ihn um seinen guten Rath; er versicherte sie, daß
man diesem Menschen in keiner Art etwas auszusetzen wiße; und
es wurde also der Tag zur Verlobung angesetzt, welcher just den
Tag traf, wo unsere Braut 15 Jahr alt wurde. Mein Schwager Giller machte sich viele Kosten in Bewirthung der Taffel, er
ließ auch ein kleines Feuerwerk und Illumination seines Gartbens
veranstalten, gab seinen Unterthanen einen frey Tag, und diese
kamen alle mit Musique von Zwey Dörfern herbey, und jede
Magd brachte der Braut ein Bouquet zum Glückwunsch. Meine
Amalie war vergnügt und genereux, und beschenkte jede mit 8 Ggr.
es gieng aber nicht weit damit, so war ihr Monatliches Taschen-
geld, so aus 5 Thaler bestund, weg, und sie mußte, auf meinen

Rath, die Mutter um Vorschuß bitten; sie tantzte mit dem Scholtzen des Dorfes selbst, und dieser, voll Vergnügen über diese Gnade, hat solches bey der Gerichtslade in das Schöppenbuch eintragen lassen. Es wurden auch denselben Tag noch die Ehepacten gemacht; der von Gersdorff versprach seiner Braut nach seinem Absterben 40,000 Thaler und noch aparte Wohnungsgelder, nebst Sechs Pferde und Wagen; die Ringe wurden ebenfalls gewechselt; das ginge alles sehr gut, nur die Liebe wollte sich nicht finden. Sonst aber war unsere Braut ungemein lustig, liebte sehr das Ländliche, und verkleidete sich 2 Tage nacheinander in ein Bauermädgen, ließ den Präsidenten herausrufen, gab sich für seine Unterthanin aus, und brachte ihm die Nachricht, es wären Händel im Wirthshause wegen ihr fürgefallen, sie bäte um seinen Schutz: Der Präsident erkannte sie aber aus ihrer Sprache, hatte viele Freude, und versprach ihr alle Satisfaction. Eben so angekleidet lief sie durch den Garthen beym Geistlichen Hofemeister und den Jungenherrn unerkannt vorbey. Wir divertirten uns noch einige Tage; und endlich reisete meine Schwester mit ihrer Tochter von Grätz ab, in Begleitung des von Gersdorff bis nach Sigersdorff zu dem 2c. von Kalckreuter. So war abgeredet, daß das folgende 1766te Jahr im Junio die Trauung zu Grätz für sich gehen sollte; es wurden auch bereits die zur Ausstattung erforderliche Sachen von Berlin zu Wasser bis Glogau an den Kaufmann Schmidt abgeschickt; unterdessen fieng sich der Bruit an, der 2c. von Gersdorff stäcke voller Schulden, man hatte aber noch keinen rechten Beweiß davon. Im Monat Mart. starb mein lieber Schwager Baron Giller, und den Tag vor seinem Ende be-

fahl er der Frau Midel, an mich zu schreiben, daß ich doch nach
Berlin die Sage von des von Gersdorff schlechten Vermögens-
Umständen melden sollte, damit seine liebe Amalie nicht unglücklich
würde. Ich that es, nachdem ich mich zuvor um diese Nachricht
genug befragt hatte; allein die liebe Schwester wollte nichts glauben; ich lag ihr ferner an, sie möchte doch bei dem Präsident von
Cocceji Erkundigung einziehen, denn derselbe müße es wißen, ob
der von Gersdorff viele Consensschulden hätte: aber nichts konnte
sie bewegen, der Sache Glauben zu geben. Ich reisete dann selbst
zu dem Präsidenten, und bat ihn, er möchte verhüten, daß meine
Amalie nicht unglücklich würde; er antwortete: die Feld-Marschal-
lin hat an mich selbst deshalb geschrieben, und ich habe den von
Gersdorff darüber zur Rede gestellt, er will aber nichts gestehen,
und seine Schulden müssen alles Wechselschulden seyn. Ich reisete
zurück nach Grätz; da kam der von Gersdorff zu mir, mir zu
melden, daß er den folgenden Tag nach Berlin abgienge, weil er
versprochen, noch vor der Hochzeit einmal hinzukommen, und bat
mich, ihm ein Schreiben mitzugeben; ich antwortete, ich hätte erst
kürzlich geschrieben, und ich glaubte, daß die Hochzeit noch so bald
nicht vor sich gehen würde: Er wollte die Ursache von mir wissen;
ich sagte, weil die Amalie so sehr betrübt wäre über den Todt
des Baron Giller auf Grätz, woselbst die Hochzeit hätte geschehen
sollen; ich bekam zur Antwort, daß ja in Netkau auch alles geschehen könnte, er würde in 8 Tagen von Berlin zurückkommen,
und mir von allem Nachricht bringen. Kaum war der von Gersdorff von mir weg, so kam desselben Vater, und fragte mich, ob
ich nicht an die Feldmarschallin geschrieben und sie gewarniget

hätte, damit die charmante Comtesse nicht durch seinen Sohn ins
Unglück gebracht würde, denn ob er, der Vater, schon von ihm
selbst nichts von seinen Umständen erführe, so sey es doch ganz
gewiß, daß er nicht mehr viel hätte, die Feldmarschallin sollte doch
wenigstens die Heyrath nicht eher vollziehen lassen, biß der
Ehe=Contract confirmiret wäre, und falls diese Confirmation noch
geschehen könnte, so hofte er, die Comtesse würde seinen Sohn
nicht betteln gehen lassen. Ich glaubte, ich müßte vor Kummer
über diese Nachrichten vergehn, und grämte mich, daß meine nach
Berlin geschriebene Briefe keinen Glauben hatten finden wollen.
Indessen kam der von Gersdorff von Berlin zurück, brachte die
Bestimmung des Tränungstages, die Erlaubniß zum Aufbietben,
und das Maaß zu den Trauringen mit sich, wie auch einen Brief
an mich, worinnen alle meine Besorgnisse widerlegt wurden, der
ehrliche Schwiegersohn hätte sie von allem ganz anders überzeugt,
ich und meine Schwester Charlotte sollten uns nur zur bestimmten Zeit in Netkau einfinden. Ich war untröstlich und hörte nicht
auf, Gegenvorstellungen zu machen. Endlich kam der Groß=Canz-
ler Baron von Fürst ins Land, welcher über meine Amalie Ver-
mund war. Dieser nahm sich der Sache rechtschaffen an, und
brachte es so weit, daß diese fatale Heyrath zurücke gieng, wofür
ich meinem Gott vielmal gedanckt, und meinen damaligen Chagrin,
welcher mir um viele Jahre mein Leben verkürzet, mit dem Vergnügen, daß nur meine Liebe Amalie aus diesem Unglück errettet
war, übertragen habe.

Dies ist alles, was ich mit meinen 73 Jahren zusammen
gebracht habe.

Uebersicht des Inhalts.

—

Anhang.